La Chine
de ma vie

ROGER CLAVET

La Chine de ma vie

UN PEUREUX DANS L'EMPIRE DU MILIEU

Stanké

Données de catalogage avant publication (Canada)

Clavet, Roger, 1953-

    La Chine de ma vie

    ISBN 2-7604-0783-7

    1. Chine. 2. Chine-Descriptions et voyages. 3. Chine-Conditions sociales-1976- . 4. Clavet, Roger, 1953- . I. Titre

DS779.2.C52 2001   951.05'9   C00-941921-7

Photos : Roger Clavet
© Les Éditions internationales Alain Stanké, 2001
Dépôt légal : Bibliothèque nationale du Québec, 2001

ISBN 2-7604-0783-7

LE CONSEIL DES ARTS | THE CANADA COUNCIL
DU CANADA | FOR THE ARTS
DEPUIS 1957 | SINCE 1957

Les Éditions internationales Alain Stanké remercient le Conseil des Arts du Canada et la Société de développement des entreprises culturelles (SODEC) de l'aide apportée à leur programme de publication.
Nous reconnaissons l'aide financière du gouvernement du Canada par l'entremise du Programme d'aide au développement de l'industrie de l'édition (PADIÉ) pour nos activités d'édition.

Les Éditions internationales Alain Stanké
615, boul. René-Lévesque Ouest, bureau 1100
Montréal H3B 1P5
Tél. : (514) 396-5151
Télécopie : (514) 396-0440
editions@stanke.com
www.stanke.com

Stanké International
12, rue Duguay-Trouin
75006 Paris
Téléphone : 01.45.44.38.73
Télécopie : 01.45.44.38.73

IMPRIMÉ AU QUÉBEC (CANADA)

Diffusion au Canada : Québec-Livres
Diffusion hors Canada : Inter Forum

À Jacques Guay,
qui m'a fait découvrir la Chine.

À France Bernier,
ma compagne de vie et d'aventures,
à qui je dois d'avoir écrit ce livre.

À Charles Bernier Clavet,
mon fils et compagnon de route,
avec qui j'ai partagé joies et frayeurs.

À tous les amis chinois,
que pudeur et prudence m'empêchent
de nommer, mais qui sont la matière vivante
de ce livre.

Vol au-dessus d'un nid de paradoxes

Dans leur jeunesse, Jacques Hébert et Pierre Elliot Trudeau commirent un livre qui eut un grand succès. Il s'intitulait *Deux innocents en Chine rouge* et ouvrait au public d'ici une petite lucarne sur un pays d'autant plus mystérieux qu'il était peu accessible et isolé par la communauté internationale. Histoire de voir si l'Empire du milieu post-maoïste avait changé, voilà qu'un journaliste québécois, Roger Clavet, qui se dit « peureux » faute de se dire « innocent », reprend le flambeau, accompagné de sa conjointe et de son fils de douze ans.

Pas peureux du tout le monsieur ! L'aventure chinoise de Roger Clavet a commencé en mai 1997 lorsqu'il est allé travailler comme rédacteur francophone pour Xinhua, l'agence de presse Chine nouvelle, située à Beijing. Catapulté dans un monde étrange que peu de journalistes canadiens ont visité, il découvre le monde de la propagande et les contrastes qui existent entre une société prétendument égalitaire et le capitalisme assez sauvage qui sévit dans la Chine actuelle. Un an et demi plus tard, Roger Clavet et sa famille partent pour la province du Henan afin de travailler dans un hôtel quatre étoiles, une expérience peu journalistique mais non moins enrichissante, qui les mettra en contact avec le monde du quotidien, sans fard, et les héritiers d'une grande civilisation dont nous ne connaissons que les clichés les plus primaires.

Au fil de ses expériences, la famille Clavet fera connaissance avec les incroyables foules de Chine, où une ville « moyenne » peut représenter l'entière population du Québec ! Ils vivront la touffeur du transport en commun, les embouteillages de vélos, l'omniprésence du Parti communiste et, paradoxalement, seront témoins des charmes discrets de la nouvelle classe de capitalistes qui s'enrichissent en inondant l'Occident de marchandises.

Dans le présent ouvrage, on apprend davantage sur les us et coutumes des Chinois que dans bien des ouvrages de science politique ou de sociologie. L'auteur applique parfois une couleur historique à son récit, par exemple, en nous entraînant sur les traces de Norman Bethune, grâce au témoignage d'un ancien cadre de l'hôpital militaire de Beijing qui a connu le célèbre médecin canadien – un héros en République populaire de Chine.

Pot-pourri de faits divers reliés entre eux par la magie de l'observateur vigilant, cet ouvrage se garde de porter des jugements de valeur sur une culture extrêmement complexe, même si l'auteur s'amuse beaucoup à constater, par exemple, qu'à la suite des Japonais, les Chinois ont poussé les techniques de copiage au niveau d'un grand art, ou encore que la cuisine de ce pays – l'une des plus fines du monde – vous fait consommer des denrées pour le moins étranges, qu'on n'aimerait pas retrouver dans son assiette chez son restaurateur asiatique favori.

En 1999, les Clavet reviendront au Canada, à ses grands espaces et à ses interminables hivers. Ils n'oublieront jamais le merveilleux peuple de Chine, sa sagesse et sa générosité que l'auteur nous fait découvrir dans les lignes qui suivent. La preuve ? Si les parents se débrouillent bien pour se faire comprendre des Chinois, leur fils Charles, qui a été à l'école populaire, avec les galopins aux foulards rouges, a appris à parler couramment le mandarin !

Roger Clavet est loin de se prendre pour un sinologue. « Nous avons à peine lu le premier chapitre sur la Chine, qui compte 5000 ans d'histoire... » aime-t-il souligner. Il a raison. Il existe sans doute bien d'autres chapitres sur cette grande culture, des centaines peut-être. Mais une chose est certaine : ces témoignages sans prétention, croqués sur le vif par un observateur curieux, candide mais néanmoins courageux, m'ont décidé à les faire connaître à nos lecteurs.

Alain Stanké

> « *Ma plus grande richesse,*
> *c'est de m'être débarrassé de la peur !* »

– Benediktas Mikulinas, un Lituanien qui a passé
27 ans de sa vie dans un cellier par peur d'être
capturé et fusillé par les Soviétiques qui
occupaient son pays.
(*Occasions de bonheur,* Alain Stanké,
Éditions Stanké, collection 10/10, 1999)

Un mot du peureux

Toute ma vie j'ai eu peur. Enfant, entrant à reculons dans un monde d'adultes. Adolescent, craignant les excès et les débordements des années 60. Adulte, hanté par le vieillissement et la flétrissure des êtres. Or, me voici, au mitan de ma vie, au sortir d'une expérience personnelle et professionnelle de deux ans dans l'Empire du milieu, où le peureux que je suis a tenté d'aller au-delà de ses propres frayeurs.

La Chine de ma vie, au sens de la « chienne » de ma vie quand on veut dire qu'on a très peur, c'est le récit d'une incursion personnelle et familiale dans un pays continent habité par un milliard trois cents millions de personnes qui n'ont peur de rien, sauf peut-être de perdre la face…

La Chine de ma vie, ce sont des nouvelles inspirées par la vie quotidienne dans plusieurs villes chinoises à travers les yeux d'un éternel froussard. C'est la rencontre, par exemple, du seigneur de Suzhou, prince en guenilles, croisé au pays de la soie, que j'avais d'abord pris pour un mendiant ou un voleur. C'est aussi le cauchemar de commander un mets bizarre dans une langue parfaitement indéchiffrable. C'est encore l'impression, après pourtant plus de 20 ans d'ouverture de la Chine au monde extérieur, d'être partout un animal de cirque parce que *laowai*, c'est-à-dire étranger. C'est se perdre à sa première expédition à la Grande Muraille ! C'est se sentir suffoquer dans des autobus bondés où il est même périlleux de tenir un cure-dents entre ses lèvres ! C'est se retrouver au cœur d'une descente de police en achetant des disques piratés...

Un peureux dans l'Empire du milieu, voilà aussi comment je me suis senti quand, pendant un an et demi, j'ai pu observer, de l'intérieur, le fonctionnement de l'agence de presse Chine nouvelle, l'une des plus grandes machines de propagande au monde.

Mais, *La Chine de ma vie*, c'est aussi, et peut-être surtout, des moments magiques où l'inédit, l'étonnant et le beau triomphent de la peur. C'est une fillette de la campagne, croisée dans le métro de Beijing, qui met à mon cou, en toute innocence, un pendentif à l'effigie de Mao. C'est oublier l'odieux un moment et faire voler un cerf-volant à la place Tian An Men. C'est se rendre, avec des environnementalistes chinois et étrangers, planter des arbres dans le désert de la Mongolie intérieure. C'est, rare privilège, être invité à dîner dans la maison d'un colonel de l'armée chinoise. C'est enseigner l'anglais et diriger une chorale d'employés chinois dans un hôtel quatre étoiles du Henan, la plus populeuse et la plus pauvre des provinces chinoises.

Enfin, une fois l'aventure terminée, c'est passer de la province du Henan à celle du Manitoba, du fleuve Jaune à la rivière Rouge, de Mao Zedong, le Grand Timonier, à Louis Riel, le chef métis supplicié, essayant, au propre comme au figuré, de « sortir » la Chine de ma vie.

Roger Clavet

Chapitre 1

Avant de plonger
dans la grande marmite

中式烹调

LA CUISINE AU WOK

Il y a des rencontres qui changent
des vies.

Ce soir-là, je m'étais présenté à une soirée d'information organisée à Québec par la Fédération professionnelle des journalistes du Québec. Depuis mon retour « d'exil » en Ontario, qui avait bien duré une bonne quinzaine d'années, je tentais de refaire ma vie professionnelle dans ma ville natale, multipliant les contacts.

C'est là que j'ai aperçu un homme barbu, aussi court sur pattes que moi, qui me faisait de grands signes en déployant ses bras au-dessus de sa tête, au beau milieu de la foule compacte qui se pressait à l'entrée de la salle de réunion. Je m'approchai de lui, un peu avant que la réunion ne débute, et je reconnus aussitôt Jacques Guay, mon ancien professeur de journalisme que je n'avais pas revu depuis au moins dix ans. Sans même s'encombrer de présentations et de formules de politesse, mon ancien prof me demanda tout de go :

— Fais-tu la cuisine au wok ?

La question avait de quoi surprendre. Car, venant d'un homme que je connaissais très peu et avec qui je n'avais eu aucun rapport depuis une dizaine d'années, il m'aurait semblé plus convenable d'entendre : Es-tu marié ? As-tu des enfants ? Que fais-tu comme travail ?

Eh bien non ! Je ne cuisine pas au wok, mais avant même que je puisse le lui faire remarquer, Jacques Guay s'était mis en peine de m'expliquer quel type d'huile employer pour ce genre de cuisson… Je n'en revenais pas ! J'eus à peine le temps de me remettre de mon étonnement que la réunion débuta. Tout le monde prit un fauteuil, Jacques Guay comme les autres. Pas besoin de dire que j'écoutai distraitement le compte rendu d'un conférencier qui livrait ses réflexions sur le métier de journaliste. Tout le temps que dura cette causerie, je songeai plutôt à cet énergumène de Jacques Guay et à sa cuisine au wok…

Ce n'est qu'à la toute fin de l'exposé du conférencier que je pus reprendre la conversation entamée plus tôt avec mon ancien professeur de journalisme. Comme je lui demandais à quoi rimait cette histoire de wok, Jacques Guay broncha à peine quand il me dit :

— Si je te parle de ça, c'est parce que tu t'en vas en Chine.

Pour une surprise, c'en était toute une ! J'ai même dû avoir l'air, un moment, aussi « sauté » que des fèves germées et des tranches d'oignon au fond d'un wok écumant…

Jacques Guay m'a alors expliqué brièvement qu'il cherchait désespérément un rédacteur francophone pour se rendre travailler à Beijing, à la section française de Radio Chine Internationale, où lui-même avait d'ailleurs travaillé auparavant.

Le projet que caressait Jacques Guay de m'envoyer travailler en Chine ne s'est pas concrétisé immédiatement. J'ai d'abord refusé une première proposition qui consistait à partir seul travailler là-bas, laissant derrière moi mon épouse et mon fils pour une période de deux ans...

Puis, Jacques est décédé.

Entre-temps, à défaut de me rendre en Chine, j'avais choisi d'établir des liens avec des Chinois de passage à Québec. L'un d'eux, Mo Zhenchang, à son retour en Chine, allait poursuivre les démarches de Jacques Guay et me faire finalement venir en Chine.

Entre ma première rencontre quasi surréaliste avec Jacques Guay et mon arrivée en Chine, au printemps 1997, il se sera écoulé presque quatre ans.

Invité plus tard par les anciens collègues de Jacques à Radio Chine Internationale à lui rendre officiellement hommage, je fis rire mon auditoire en racontant comment, par une histoire de cuisson au wok, Jacques Guay m'avait entraîné au pays de la grande marmite communiste...

圣诞卡

UNE MYSTÉRIEUSE CARTE
DE NOËL

Au début, nous n'avons pas tout de suite compris. Que pouvait bien vouloir dire cette carte de Noël reçue à Québec et acheminée par un ami chinois de Beijing venu un an plus tôt chez nous ?

Nous retournions entre nos doigts, à tour de rôle, mon épouse et moi, cette jolie carte de souhaits, ornée d'un idéogramme chinois doré sur papier rouge vif, perdus dans nos pensées ou, plus exactement, nous surprenant l'un et l'autre à rêver à l'unisson à une possible incursion dans l'Empire du milieu...

Nous relisions un passage où il était écrit : « J'ai envoyé ton C.V. à l'agence de presse Chine nouvelle. Quelles sont les dates de départ qui vous conviennent ? »

Au début, nous avons pensé que monsieur Mo, un ami chinois rencontré à Québec par l'entremise de mon ancien professeur de journalisme, Jacques Guay, avait dû mal traduire en français des vœux de Noël qu'il voulait sympathiques, fraternels et empreints d'une certaine solennité.

Mais là, à la place, nous décodions ces mots griffonnés à la main sur une carte de

Noël comme une invitation à nous rendre vivre en Chine. Ne restait plus, à en croire la carte, qu'à choisir la date du départ !

Pour en avoir le cœur net, sur le coup de minuit, nous avons donc décidé d'appeler monsieur Mo, chez lui, pour lui demander à quoi rimait son énigmatique phrase.

Tremblant presque à l'idée d'établir une communication téléphonique avec quelqu'un qui, à l'autre bout, s'aviserait de répondre en chinois, nous avons entendu monsieur Mo décrocher l'appareil, répondant par ce simple mot : « wei » qui, tout comme en français d'ailleurs, pourrait se rendre phonétiquement par « oué ». Les choses se présentaient bien.

Monsieur Mo nous expliqua alors qu'il avait pris l'initiative de soumettre mon curriculum vitæ à l'agence Chine nouvelle, qui cherchait à combler un poste de rédacteur francophone à sa section des nouvelles internationales. Une entrevue de sélection, me précisait monsieur Mo, devrait cependant avoir lieu au cours des prochains jours à Ottawa, dans les bureaux de l'agence de presse chinoise, puisque je n'étais pas le seul candidat sur les rangs.

Deux jours après mon entretien téléphonique avec monsieur Mo, je reçus un appel d'un correspondant de l'agence d'Ottawa, me demandant de me présenter à l'entrevue. Comble de l'ironie, mon interlocuteur chinois me priait, par la même occasion, d'inviter à se rendre à Ottawa l'autre candidat en lice pour le même poste, un conseiller en relations internationales de l'Université Laval.

Délicat dilemme que d'avoir à appeler son concurrent... En somme, je devais lui dire de se présenter aux tests de qualification et à une entrevue d'embauche, qui auraient lieu dans la capitale canadienne, pour un poste auquel je tenais plus que tout ! Bon prince, je m'exécutai avec grâce, demandant à mon rival, en retour de mes loyaux services, qu'il me conduise en auto à Ottawa.

C'est ainsi qu'en pleine tempête de neige, je me suis retrouvé dans l'auto sport de mon adversaire, un quinquagénaire qui, pendant les cinq heures qu'a duré le trajet, a fumé la pipe comme une cheminée de locomotive et a écouté à tue-tête l'animateur radio-phonique André Arthur, dont le seul nom suffit à me donner de l'urticaire...

Arrivés à Ottawa, chez nos hôtes chinois, deux correspondants de l'agence Chine nouvelle, nous avons dû nous livrer à une série de tests écrits sur ordinateurs porta-bles. J'ai sincèrement souhaité bonne chance à mon rival et me suis appliqué à traduire une dépêche qui, si ma mémoire est fidèle, faisait référence à un dossier politique français.

Pendant toute la durée des tests de connaissances générales destinés à départager nos deux candidatures, parvenait à mes narines le fumet de plats chinois mijotant dans l'arrière-cuisine. Nos hôtes nous faisaient l'honneur d'une invitation à dîner, mais mon rival déclina leur invitation, regardant frénétiquement sa montre et prétextant devoir rentrer plus tôt à Montréal où, disait-il, on l'attendait.

Or, c'est précisément à cet instant que nos routes se séparèrent. Car, en dépit de l'intention avouée de mon adversaire de rentrer le soir même à Montréal, et malgré la tempête de neige qui faisait rage à ce moment, j'ai choisi de le laisser partir, perdant du coup mon conducteur pour le voyage de retour. J'acceptai plutôt l'invitation qui m'était faite de manger à la chinoise. À défaut de me rendre en Chine, ai-je pensé, j'allais au moins manger chinois.

Le soir même, après le départ de mon rival pour Montréal, je suis donc resté à manger avec mes hôtes chinois, multipliant les blagues et les jeux de mots, dans une atmosphère détendue, enjouée et amicale.

Finalement, vers 21 heures, l'un de mes hôtes me raccompagna à mon hôtel, avec sa voiture. Avant de me quitter, il me fit cette confidence surprenante :

— Vous savez. Vous êtes mon seul ami canadien.

Je compris, dès cet instant, que je venais de remporter le concours et que, pour le meilleur ou pour l'Empire, j'allais bientôt me rendre en Chine...

勇

NON À LA PEUR

Est-ce parce que je vais vivre prochainement en Chine que je découvre tout à coup la précarité des outils d'expression démocratique ?

Je ne sais pas. Mais je suis allé manifester aujourd'hui. À 44 ans, c'était ma toute première manifestation de rue.

« Non à la peur », pouvait-on lire sur une pancarte que j'avais fabriquée artisanalement et que je promenais à bout de bras, dans les rues de Saint-Nicolas, sur la rive sud de Québec, tremblant d'effroi et de froid en ce dimanche après-midi hivernal.

Et pourtant, aux côtés de mon fils adolescent, Dieu sait comme j'avais peur, filmé par les médias locaux et, perchés sur des toitures de maison et armés de caméras, par des Hell's Angels, ces motards qui ont longtemps fait régner un climat de terreur sur la région de Québec.

J'ai manifesté comme pour utiliser un droit d'expression que je crains de perdre un jour. Chose certaine, j'ai eu peur. J'ai compris aussi que, comme journaliste, je traitais mal les manifestations que j'étais appelé à couvrir. Il me suffisait alors d'évaluer au pif le nombre de participants, diminuant les estimations avancées par les organisateurs ou pondérant celles faites par les policiers de service, sans même m'interroger sur les motivations profondes de ceux et celles qui tenaient les pancartes.

Aujourd'hui, je découvre que, vue de l'extérieur comme de l'intérieur, une manif est un grand cri de liberté, un appel à la solidarité universelle ; une sorte de preuve de sa propre humanité.

Et dire qu'il y a des gens qui, m'ayant vu le lendemain à la une des journaux ou le soir même aux nouvelles à la télé, pancarte en main, en tête du cortège des manifestants, portant cagoule et écharpe pour me protéger du froid, ont insinué que je m'étais ainsi déguisé par peur d'être reconnu des motards... Certains ont sans doute cru que je cherchais à me donner de la visibilité dans les médias... D'autres, enfin, ont peut-être donné à entendre que c'était un bien petit courage que celui qui m'animait ce jour-là, puisque j'allais partir bientôt pour la Chine, à cent mille lieues de Saint-Nicolas...

En fait, avec mon écriteau que je tenais en tremblant et sa risible inscription « Non à la peur » brandie au vu et au su d'une bande de motards rebelles, j'avais *la chienne de ma vie* ! *La Chine de ma vie*, ce serait pour plus tard...

En tout cas, j'ai été grisé ce jour-là par mon propre triomphe sur la peur, aux côtés d'une poignée de manifestants pour qui le mieux-être de leur ville et de leur région passe bien avant leurs intérêts économiques ou personnels. Je suis fier d'avoir fait passer mes droits civiques avant ma peur !

À quelques jours de mon départ pour la Chine, avec ma petite pancarte de manifestant aussi peureux que frileux, je découvre qu'il vaut mieux montrer à son fils le signe du courage que le signe de la piastre.

羽毛球

UN DRÔLE DE MOINEAU

L a peur, c'est quelque chose de relatif. Ce qui apparaît héroïque aux yeux de certains peut sembler banal à d'autres.

À quelques jours de mon départ en Chine, je suis allé, à l'invitation d'un ami, jouer au badminton à Saint-Étienne-de-Lauzon, une municipalité de la rive sud de Québec où je n'avais jamais mis les pieds auparavant.

Comme j'attendais mon tour de jouer, assis sur un banc de bois dans le fond du gymnase, une joueuse de l'endroit, elle aussi en attente d'un court qui se libère, me fit remarquer qu'elle avait vu ma photo la journée même dans un quotidien de Québec qui avait consacré à notre petite famille un reportage relatant notre projet d'aller vivre et travailler en Chine.

— Je vous admire, me dit cette dame que je ne connaissais pas. Se rendre dans un pays aussi inconnu que la Chine demande énormément de courage.

D'abord flatté, je lui fis comprendre que, pour quelqu'un comme moi qui se définit comme un perpétuel peureux, il est parfois des destinations et des projets tout aussi risqués, qui ne requièrent pourtant pas d'aller bien loin.

— Pour moi, lui dis-je, venir jouer ce soir au badminton à Saint-Étienne, et me trouver dans une ville, un vestiaire, sous des douches, avec des partenaires de jeu qui me sont parfaitement inconnus, cela m'est tout aussi angoissant que d'aller en Chine !

Sur ce, je me levai pour m'engager dans un premier match, laissant mon interlocutrice clouée à son banc et à son étonnement...

Chapitre 2

L'agence Chine nouvelle

Au pays de la propagande

宣传

DES NOUVELLES À DORMIR DEBOUT

À l'agence de presse Xinhua, où je fais office de rédacteur-réviseur au département français des nouvelles internationales, il pleut des dépêches.

Au début, j'en révisais et corrigeais une vingtaine par jour. À la fin, un an et demi plus tard, mon lot de dépêches atteignait 52 ! Aux yeux de mes patrons chinois, j'étais l'employé modèle : un vrai bon petit soldat, rapide et productif.

En vérité, j'ai du mal à rester éveillé tant la prose du Parti communiste chinois et de l'agence de presse Xinhua est à ce point soporifique !

Mes collègues chinois, responsables de la traduction sommaire en français, pissent carrément de la copie. Des dépêches-fleuves traitent du retour de Hongkong et de Macao à la mère patrie, en décochant quelques flèches à l'endroit de la « province » rebelle de Taïwan. D'autres dépêches s'aventurent en Afrique ou portent sur des accords de coopération et des échanges multilatéraux entre la Chine et les pays du monde subjugués par le colossal potentiel économique de ce panda géant que tous ont intérêt à caresser dans le sens du poil...

Mais nulle trace dans la presse officielle de ces petits riens qui font la Chine d'aujourd'hui et qui sautent aux yeux du simple visiteur. Comme, par exemple, cette habitude qu'ont les Chinois de dormir un peu partout à l'heure de la sieste. J'ai vu des Chinois sommeiller dans la rue, au bureau, au pied des arbres, à deux, entrecroisés, sur des bancs publics, à dos d'âne, dans des tuyaux et des buses de chantiers de construction, sur des charges de camions et même, ma foi, au volant !

Et dire qu'en 1973, le regretté ministre français Alain Peyrefitte écrivait son prophétique essai *Quand la Chine s'éveillera*...

En attendant, pour ne pas sombrer dans le coma à force de réviser les dépêches de l'agence Xinhua, j'ai mis au point, avec la complicité d'une collègue algérienne, un petit jeu qui m'a permis de rester éveillé un bon moment.

Le jeu consiste à inventer des titres de dépêches fictifs, en s'inspirant des noms de pays. Voici le résultat :

L'Arménie nie
L'espoir pâlit en Australie
Des indigents d'Azerbaïdjan
Tombola en Angola
Tyrannie en Albanie
Belle égérie de l'Algérie
Conflit bénin au Bénin
Soulèvement de masse aux Bahamas

La reine s'amène à Bahreïn
Encore la dèche au Bangladesh
Le crime gambade à la Barbade
Du sang qui gicle en Belgique
Trop qui lisent au Belize
L'espoir s'élude aux Bermudes
Orang-outan du Bhoutan
Le crime sévit en Bolivie
Des ananas au Botswana
Grésil au Brésil
Fortune ruinée à Brunei
La reine a ri en Bulgarie
Chars d'assaut au Burkina Faso
Meeting, lundi, au Burundi
Pénurie d'aliments aux îles Caïmans
Le Nevada du Canada
Guerre de chiffres à Chypre
Du pain ranci en Croatie
Crime en Crimée
Pénurie de chicorée en Corée
Surplus de paprika au Costa Rica
Chocolat fudge du Cambodge
Machine à fric en Centrafrique
Tissus sans pli du Chili
Bris de machine en Chine
Le homard des Comores mord
Diplomatie tout de go au Congo
Trafic d'ivoire en Côte d'Ivoire
Commerce au plus bas à Cuba
Bagarre à Dakar
Visiteurs de marque au Danemark
Trop peu d'outils à Djibouti
Mort clinique en Dominique
Troglodytes en Égypte
Trente ans de bagne en Espagne
Crimes impunis aux États-Unis
Malheur aux pies d'Éthiopie

Chirac ira aux Émirats
Nouveaux squatters en Équateur
Produits vitrés de l'Érythrée
Découverte d'une glande en Finlande
Parti vagabond au Gabon
De mal en pis en Gambie
On pleure Diana au Ghana
Nouvelle orgie en Géorgie
Tourisme en baisse en Grèce
Horizon gris en Hongrie
Paix en demande en Irlande
Esclandre en Islande
Flagrant délit en Italie
Hérésie en Indonésie
La paix se détraque en Irak
Lourd bilan au Liban
Litanie en Lituanie
Complot de haine au Liechtenstein
Félonie en Lettonie
L'alibi de la Libye
Perte de vie en Moldavie
Concert rock au Maroc
Halte à Malte
Contrôle de douanes en Macédoine
Embolie en Mongolie
Curieux manège en Norvège
Célibat aux Pays-Bas
Meurtre attristant au Pakistan
Grogne en Pologne
Virulente prise de bec au Québec
Fâcheuse manie en Roumanie
Opération réussie en Russie
Trop de kaki en Slovaquie
Vente de fusils en Tunisie
Zizanie en Tanzanie
Gangrène en Ukraine
Mohicans au Vatican
Rescapé d'une bouée au Zimbabwe

La liste n'est pas complète car, entre deux dépêches, j'ai manqué de temps. Si le cœur vous en dit, amusez-vous à compléter ou à améliorer cette liste.

Pour ma part, je m'en vais me coucher.

教法语

LE FRANÇAIS, C'EST DU VRAI CHINOIS.

Au départ, je n'ai pas très bien compris quand Jin, un jeune rédacteur chinois, m'a demandé de le suivre pour voir les « fleurs artificielles au XVe siècle ». Ce n'est qu'une fois rendu dans l'ascenseur que j'ai réalisé qu'il m'invitait plutôt à regarder les « feux d'artifice au 15e étage » !

Décidément, mon travail de rédacteur au service français des nouvelles internationales de l'agence de presse Chine nouvelle, à Beijing, n'allait pas être de tout repos...

Bien sûr, les rédacteurs chinois qui traduisent les dépêches du chinois à l'anglais, puis de l'anglais au français, ne sont pas tous aussi maladroits. Mais pour plusieurs d'entre eux, le français, c'est du vrai chinois...

D'ailleurs, dès que je suis entré en fonction comme rédacteur-réviseur à l'agence Xinhua, il m'a fallu rappeler certaines règles grammaticales françaises de base à mes collègues chinois. J'ai dû leur dire, par exemple, à eux qui n'ont pas besoin de distinguer dans leur langue l'article défini de l'article indéfini, qu'il existe une grande différence en français entre « un » président des États-Unis et « le » président des États-Unis...

Parfois, à bout d'arguments, il m'est arrivé de perdre patience quand, sous la pression des dépêches qui s'empilent, j'ai dû réécrire au complet un texte dont je n'arrivais pas à comprendre le sens.

Je me souviens de cette fois où une collègue chinoise, pourtant fort expérimentée, a traduit un texte où elle confondait manifestement les criminels et les victimes d'actes criminels. Comme elle feignait de ne rien comprendre, je lui ai fait remarquer que je doutais fort que les États-Unis, comme elle l'avait traduit, créent « un fonds d'indemnisation pour les criminels ».

Elle trouva tout de suite une excuse pour couvrir sa maladresse et ne pas perdre la face.

— Mais je ne connais pas le système judiciaire américain, m'a-t-elle répondu.

J'ai fini par lui répliquer, aussi rouge de colère que peut l'être le drapeau chinois :

— Si je vous tue, vous êtes la victime et je suis le criminel. C'est aussi vrai en Chine qu'aux États-Unis !

Il va sans dire qu'il s'agissait là d'un cas extrême. À plus forte raison et le plus souvent, mes amis chinois ne se formalisaient pas trop quand je devais corriger leurs fautes ou leurs petits travers grammaticaux. Après tout, eux aussi se sont bien amusés à mes dépens quand il m'est arrivé de confondre leur nom, critiquant vertement Wang quand c'était Fan qui était en cause, ou fustigeant le camarade Shaoping, que j'avais confusément rebaptisé Xiaoping, du nom du défunt président chinois...

Au fil des dépêches, contraint de recourir à un ordinateur qui n'autorisait ni accents, ni majuscules, ma collection de « perles et trésors d'Orient » s'est enrichie énormément.

Ainsi, j'ai eu droit, dans une même dépêche, à « des poissons alcooliques » (au lieu de boissons alcoolisées) et au « ministre des Fiancés » (à la place du ministre des Finances). Les fautes de frappe ou d'inattention brisaient également la monotonie des comptes rendus journalistiques, surtout quand le Liban lançait une « compagne » aérienne !

La palme de l'ambiguïté revient encore à Jin, ce jeune traducteur qui, dans une phrase dont le sens m'échappe encore, a écrit :

« Le Premier ministre malaysien par intérim a déclaré que la prospérité avait beaucoup d'affaires avec la sécurité et part de la forme de jet pour renforcer ce que l'on appelle la paix pacifique venant de la nécessité d'élever la prospérité pacifique coopérativement. »

Un autre traducteur chinois, emporté sans doute par l'euphorie entourant la rétrocession de Hongkong à la Chine, le 1er juillet 1997, m'a littéralement fait rugir quand, décrivant des célébrations de joie de ressortissants chinois dans les rues de Bonn, a évoqué « les chants et les danses traditionnelles de lions »... Son collègue, tout aussi euphorique, a rappelé que « le sommet du Mercosur verrait la participation de ses pays membres, soit l'Argentine, le Paraguay, l'Uruguay et... le Persil », à défaut d'y avoir invité le Brésil !

Le titre d'une autre dépêche m'a beaucoup dérangé, si je puis dire : « Bangladesh : déclaration de la diarrhée et amélioration de la situation de l'inondation. »

Le traducteur avait sûrement en tête le grand fleuve Jaune !

Quant aux habitants de Dar es-Salaam, en Tanzanie, ils ne sont pas prêts *de sortir du bois* si on en croit un autre traducteur chinois qui les décrit « nettoyant leurs quartiers et plantant eux-mêmes des Arabes »...

Quand, par ailleurs, on ne sait trop comment traduire l'expression anglaise « combat kits », il ne faut pas s'étonner alors de voir écrit, à l'encre de Chine : « des soldats américains armés de cerfs-volants »...

De même, dans son mausolée, le président Mao lui-même aurait ri jaune s'il avait lu dans le *Quotidien du Peuple* que « les explications du ministre zimbabwéen des Finances se sont heurtées à très peu de grincements de dents des parlementaires »...

Et que dire de la doyenne des traductrices chinoises de l'agence qui a distraitement remplacé l'expression « colis piégé » dans une dépêche par « un chien coolie suspect qui a explosé quand un étudiant tentait de l'ouvrir »...

Pour quelqu'un qui, comme moi, voulait voir la Chine à tout prix, je ne peux pas dire que je l'aie vue sans faute...

巧合

DRÔLE DE COÏNCIDENCE

Il fallait y penser. Les autorités chinoises ont annoncé qu'elles entreprenaient des travaux de réfection de la place Tian An Men, à quelques mois seulement du 10ᵉ anniversaire du tristement célèbre Printemps de Pékin.

Le communiqué de presse officiel, largement reproduit à la grandeur de la presse chinoise par le biais de l'agence Xinhua, précise que les travaux, entamés en octobre, devraient durer sept mois et que le tout serait donc complété, selon la presse chinoise, en mai 1999.

Mai 1999. Cela voudrait dire, si on en croit la version officielle, que la place Tian An Men, fermée au public pour toute la durée des travaux, serait fin prête un mois exactement avant l'anniversaire des manifestations étudiantes de juin 1989.

L'affaire est louche. Je soupçonne le gouvernement central et son agence de presse d'avoir mis au point ce scénario pour conditionner l'opinion publique, nationale et internationale, au cas où les travaux de réfection accuseraient un retard... Il suffirait alors de dire que, devant l'ampleur des travaux à faire, le calendrier a été repoussé de quelques semaines. Ainsi, à grand renfort de propagande, le gouvernement annoncerait la fermeture prolongée de la place Tian An Men et sa réouverture grandiose, juste à temps, le 1er octobre, pour le 50e anniversaire de la Fondation de la République populaire chinoise...

* *
*

Effectivement, voilà exactement ce qui s'est produit. J'avais vu juste. Quand est arrivé le 4 juin, date du 10e anniversaire du massacre de Tian An Men, la célèbre place était encore en chantier et fermée au grand public ainsi qu'aux caméras étrangères.

Et les Chinois, comme par miracle, ont vu la place Tian An Men rouvrir ses portes, juste à temps pour les fêtes du 50e anniversaire de leur jeune république.

Dans l'Empire du milieu, la vérité souvent se cache au beau milieu de l'Empire !

刘

LIU, LE CHAUFFEUR IDIOT.

Il ne m'arrive pas souvent de vouloir tuer quelqu'un, mais j'avoue y avoir pensé dans le cas de Liu, cet idiot de chauffeur que l'agence Chine nouvelle a mis à la disposition de ses experts étrangers pour leurs déplacements entre le travail et la maison.

En hiver, par exemple, Liu ne comprend toujours pas qu'il n'est pas nécessaire de faire fonctionner l'air climatisé ! Je gèle sans arrêt à cause de lui, tandis qu'en bon Chinois, Liu s'enveloppe de trois ou quatre épaisseurs de vêtements tel un gros oignon !

Liu, au volant de sa camionnette Ford de couleur bourgogne, a aussi la fâcheuse manie de klaxonner pour tout et pour rien, été comme hiver. Pour un piéton qui passe, un vélo qui le gène, une feuille qui tombe, Liu klaxonne à tout bout de champ. Or, considérant le fait qu'à Beijing, on compte des millions d'automobilistes et de cyclistes, sans oublier les arbres, cette manie du klaxon finit par rendre fou.

Un matin, j'ai même fait le compte : entre l'hôtel de l'Amitié où je loge et l'agence Xinhua où je travaille, un trajet d'à peine dix kilomètres, mais qui prend trente minutes à réaliser en raison des embouteillages, Liu a joué de son klaxon à 152 reprises ! J'avoue, ce matin-là, avoir songé au meurtre.

Mais, comme allait bientôt me le prouver le Destin, je n'avais pas encore tout à fait l'étoffe d'un meurtrier.

Un bel après-midi, alors qu'exception-nellement j'avais invité mon fils à prendre place avec les autres experts étrangers à bord du camion de Liu et à m'accompagner à mon travail, nous eûmes une crevaison. La chose aurait été banale si elle ne s'était produite sur l'une des artères les plus acha-landées de Beijing.

Mon fils, qui savait bien que je ne portais pas Liu dans mon cœur, se demandait bien comment j'allais réagir. Autour de nous, dans la camionnette, pas un des passagers ne semblait réagir, préférant continuer la lecture de la *Pravda*, du *China Daily*, du *Monde* ou du *Herald Tribune*. Dans cette réplique de la « Société des nations sur roues », les experts étrangers agissaient exactement comme à l'ONU : les problèmes du monde, ça ne les regarde pas !

Et là, au beau milieu de la route, au risque de se faire aplatir par les autos, les camions et les autobus qui lui passaient sous le nez à cette heure de pointe, le pauvre Liu essayait de changer son pneu.

Dans un élan de compassion, que je ne me connaissais pourtant pas, j'ai réussi à m'ex-traire du véhicule par l'arrière, enjambant la vitre du camion, pour prêter main-forte à Liu, mon ennemi juré… En actionnant le cric, que Liu ne savait pas comment faire fonctionner, j'ai défoncé le réservoir d'eau du camion, mais, comme aurait dit ma mère, « c'est l'intention qui compte ». Après une quinzaine de minutes, nous avons réussi, Liu et moi, à retirer le pneu crevé, sans finir en crêpes sous les roues meurtrières des véhicules passant à grande vitesse à côté de nous.

Regagnant la camionnette, Liu, dans un geste empreint de reconnaissance et de taches d'huile à moteur, me prêta son torchon pour m'essuyer les mains. Les experts étrangers continuaient leur lecture, dans l'indifférence la plus complète.

Mon fils me félicita pour le beau geste que je venais de poser. Et dans le rétroviseur, j'aperçus les yeux de Liu, dans lesquels j'ai cru voir l'expression d'une reconnaissance infinie !

Une minute plus tard, Liu se remettait à klaxonner deux fois plus qu'avant. C'était sa façon à lui de me remercier…

军

ARMÉ D'UN SOURIRE

Pour moi, tous les soldats en uniforme se ressemblent. On dirait, à leurs allures calquées les unes sur les autres, des petits robots sans âme marchant au pas.

Tous les jours, je devais emprunter, derrière l'immeuble d'une vingtaine d'étages abritant les locaux de l'agence Chine nouvelle, la cour et le gymnase extérieur où s'entraînaient une poignée de recrues de l'Armée populaire de libération.

À chaque fois, je traversais la cour, ne sachant trop si je devais plaindre ou railler ces jeunes gens en uniformes kaki et aux visages interchangeables.

Parfois, le commandant du peloton leur hurlait des ordres, scrutant à la loupe le moindre détail, de l'angle d'inclinaison de la casquette au pli du pantalon. Tout devait être symétriquement parfait.

À force de les côtoyer tous les jours, j'en venais à penser que tous ces jeunes fantassins faisaient partie du décor, sans que je puisse déceler sur leurs visages l'ébauche du moindre signe d'humanité.

Or, un matin où je traversais comme d'habitude le terrain d'exercices des recrues, j'ai passé mécaniquement en revue chacun des visages militaires qui me faisaient face, au garde-à-vous. Quand j'allais renoncer à détecter le moindre indice d'une présence humaine derrière ces masques de guerriers figés, j'ai aperçu, à l'avant-dernier rang de cette armée d'automates, le sourire béat et épanoui d'un jeune soldat qui me dévisageait... Je lui retournai la politesse et quittai à petits pas le terrain d'entraînement.

Je venais simplement de découvrir qu'au cœur de la plus grande comme de la plus petite armée, un humain se cache aussi derrière le masque du soldat.

BON SANG NE SAURAIT MENTIR

Après un certain temps, je n'aimais plus tellement mon travail de rédacteur à l'agence Chine nouvelle. Tout y était répétitif et ennuyant.

J'étais venu en Chine pour explorer, voyager, apprendre, et voilà que j'étais cloué à mon poste de travail, réécrivant dépêche après dépêche, sans place pour la créativité, avec un horaire brisé qui amputait mes week-ends de moments précieux que j'aurais préféré passer avec ma femme et mon fils.

Or, ce matin-là, au travail, il semblait régner une atmosphère fébrile qui contrastait avec le train-train habituel de la salle de rédaction. Une feuille épinglée au babillard retenait l'attention de mes collègues chinois. Je demandai à l'un d'eux ce que signifiait cette colonne de caractères chinois que j'étais incapable de déchiffrer.

— C'est notre unité de travail (*danwei*) qui invite les camarades qui veulent participer à la collecte de sang à inscrire leur nom.

Les explications de mon collègue aiguisèrent davantage mon appétit de savoir.

— Ceux et celles qui donnent leur sang ont-ils droit à une demi-journée de congé ? ai-je demandé à tout hasard, flairant peut-être l'occasion de prendre congé de mes tâches mortellement ennuyantes.

— Non, me répondit l'autre. Pas une demi-journée. Mais 13 jours de congé...

Treize jours ! C'est tout un incitatif à donner de son sang ! Je n'en revenais pas. Et dire qu'au Canada, pour le même exercice, on vous offre un beigne et un café !

La proposition, pour un gars qui cherchait à fuir son travail à tout prix, devenait de plus en plus intéressante. J'inscrivis mon nom sur la liste, ce qui provoqua immédiatement le fou rire général.

En attendant la collecte de sang, prévue pour le lendemain matin, j'eus le malheur de lire en soirée un reportage d'un magazine étranger faisant état de l'ampleur du phénomène du sang contaminé en Chine... Ça n'avait rien pour me rassurer.

Le lendemain matin, je me mêlai malgré tout aux donneurs de sang qui avaient formé une queue dans la cour arrière de l'agence, à l'entrée d'un dispensaire où le personnel infirmier, en sarraus blancs, procédait au prélèvement.

À l'exception d'un collègue russe, alléché autant que moi par l'idée d'obtenir 13 jours de congé en retour d'un ou deux flacons de sang, j'étais le seul étranger sur les rangs. Quand vint mon tour, l'infirmière me fit signe qu'elle refusait de prélever mon sang. Mon ami russe en profita pour quitter les lieux et retourner au travail, ne voulant sans doute pas créer d'incident diplomatique. Pour ma part, j'étais prêt à déclencher une guerre atomique et à me faire saigner pour obtenir 13 jours de congé...

Je protestai symboliquement. Dans le fond, je tenais davantage à jouer le jeu qu'à donner du sang, histoire de savoir jusqu'où me mènerait mon entêtement. Un second infirmier refusa à son tour. Je lui demandai d'aller chercher son supérieur. En dix minutes, j'avais remonté la filière hiérarchique chinoise jusqu'au niveau du directeur du dispensaire.

Le brave homme, dans un effort louable, me dit dans un anglais anémique :

— Mais vous, pas pouvoir donner du sang. Vous, expert étranger, être indispensable au travail.

Le pauvre directeur me connaissait mal s'il pensait qu'un tel argument allait me flatter et me convaincre de quitter les rangs des donneurs. Je mis rapidement au point un contre-argument massue qui allait lui clouer le bec.

— C'est étrange que vous refusiez mon sang, à moi, un expert étranger au service de la Chine. Il y a 60 ans, la Chine a pourtant accepté le sang de mon compatriote, le docteur Norman Bethune.

Le coup avait porté. Évoquer ainsi le sacrifice du docteur Bethune, dont le président Mao en personne a immortalisé l'héroïsme dans son célèbre *Petit Livre rouge*, fit perdre la face au malheureux directeur qui se confondit en excuses.

Beau joueur, j'ai finalement renoncé à donner du sang et j'ai dit adieu à mes 13 jours de congé...

À la place, je suis rentré au bureau où m'attendaient mes dépêches et une tasse de thé, à défaut d'un beigne et d'un café.

同情

LA COMPASSION DE
MONSIEUR CAI

Un certain jour de déprime, écœuré par le nombre de dépêches que je devais corriger à l'agence, je m'en suis ouvert pour la première fois à un collègue, monsieur Cai.

J'avais cru déceler en ce vieil employé une oreille attentive, une épaule sur laquelle m'appuyer. Bref, dans toute sa simplicité, ce cher monsieur Cai m'apparaissait un compagnon d'infortune idéal, un modèle de compassion.

Après avoir longuement écouté mes jérémiades, sans m'interrompre une seule fois, monsieur Cai m'a finalement mis la main sur l'épaule et, se tournant vers mon écran d'ordinateur où apparaissaient encore les dizaines de dépêches que je venais de corriger, il a simplement dit :

— Mais, vous en avez oublié deux !

地乃天賜

LE MONDE EN CADEAU

Je ne savais pas qu'on pouvait offrir le monde en cadeau. C'est pourtant le précieux présent que je fis, un jour, à un ami et collègue de l'agence Chine nouvelle.

Chen, c'est son nom, est le tout premier Chinois à être venu à ma rencontre à l'aéroport de Beijing, grouillante capitale de l'Empire du milieu, quand je foulai le sol chinois pour la première fois.

D'une infinie politesse, mon hôte m'attendait, en compagnie d'un chauffeur de l'agence, aux arrivées des vols internationaux. Après les formalités d'usage, Chen et l'incontournable chauffeur m'entraînèrent dans un restaurant, non loin des appartements où j'allais habiter. Dès cet instant, je compris que Chen allait devenir un confident et un conseiller essentiel pour cette folle incursion dans l'univers déroutant de la Chine.

Quelques semaines plus tard, alors que je corrigeais les dépêches à l'agence en présence de mon ami Chen, celui-ci m'apprit, non sans une certaine tristesse, qu'il était muté au Cameroun où l'agence avait un bureau.

Nos chemins et nos destins allaient donc épouser des contours différents.

J'étais content de voir Chen quitter l'atmosphère morose de la capitale chinoise, mais je souffrais aussi de voir partir un ami, de surcroît mon premier contact en terre chinoise. C'était lui, Chen, qui, une certaine fin de mois, m'avait financièrement sorti du pétrin en m'offrant un petit contrat de traduction qui avait permis de nourrir ma famille en attendant ma paie mensuelle. Ironie tout de même de se voir donner l'aumône par un Chinois plus pauvre que soi !

Quand vint finalement l'heure des adieux, mon ami se préparant à gagner l'Afrique, j'ignorais encore quel cadeau lui donner en souvenir de notre amitié. Puis, tout naturellement, le choix du présent s'est imposé de lui-même : je fis don à mon ami de *L'État du monde*, un ouvrage en format réduit qui renferme, comme son nom l'indique, l'ensemble des nations de la terre et leur situation géopolitique.

Ce cadeau inespéré et hors de portée du Chinois moyen fit pleurer de joie mon ami quand je le lui remis, discrètement, dans la cour arrière de l'agence, à l'abri des regards envieux ou réprobateurs.

Chen regarda *L'État du monde* avec gravité et, après un moment d'hésitation qui cachait mal sa gêne, me serra dans ses bras, liant tout à coup notre amitié et le sort du monde.

Chapitre 3

Beijing, la capitale

Dans le ventre
du dragon

北京初晨

PREMIER MATIN À BEIJING

Premier matin à l'hôtel de l'Amitié. C'est ici que je loge, dans la capitale chinoise, tout comme plusieurs autres étrangers venus vivre l'aventure de la Chine.

Dès 6 heures du matin, incapable de fermer l'œil dans ma chambre étonnamment spacieuse et propre, je sors prendre l'air.

Je longe les rues avoisinantes. Encore tout secoué par le décalage horaire, alourdi par la fatigue – j'ai réussi à dormir un peu pendant les 24 heures de vol –, je me promène aux premières lueurs du jour dans les ruelles des environs.

À en juger par les immeubles en chantier qui s'offrent à perte de vue sur l'avenue Baiquichiao, on dirait que la Chine est en constante reconstruction.

Les quelques passants qui fendent l'aube de leurs premiers exercices matinaux donnent à l'ensemble un air surréaliste.

Je marche ainsi une bonne heure, dans cette aube jalouse qui cache son âme.

Puis, la raison ramène son gros bon sens. Il me faut un café. Mon corps le réclame ! Depuis que je suis levé, en ces tout premiers moments en sol chinois, j'ai humé l'air de la ville ; j'ai marché dans les décombres ; j'ai laissé ma tête voguer dans ces décors hybrides, sans trop me poser de questions. Mais là, l'heure du café a sonné.

J'entre dans le restaurant de l'hôtel de l'Amitié. Je ne vois nulle âme qui vive. Je m'assieds quand même à une table. Pas de serveur ni de serveuse en vue. Je consulte un menu sur une table. Sauvé ! Il y a du café.

Ne reste qu'à attendre l'ouverture du restaurant qui, si j'en crois l'horaire affiché au menu, ne saurait tarder.

Puis, semblant venir du fond du restaurant, le bruit de quelqu'un qui s'éveille habite les lieux. Une serveuse, que ma présence à la table a sortie de son sommeil, s'avance vers moi, ajustant son uniforme défraîchi. À côté d'elle, dans l'obscurité du jour naissant, un commis dort sur un banc.

Je commande un café. Combien cette « folle » dépense va-t-elle me coûter ? Je m'en fous. J'en ai besoin.

Puis, gorgée après gorgée, comme par magie, je m'éveille à la Chine. Mais la Chine dort encore.

—— 温室效应 ——

EFFET DE SERRE

Pourquoi a-t-il fallu que je vienne en Chine au moment même où Beijing connaît, en cet été 1997, la canicule la plus redoutable depuis 50 ans ?

Avec des températures frôlant les 40 degrés Celsius, que la presse officielle ramène subrepticement à 35 degrés de peur que les travailleurs d'usines et d'entreprises d'État ne réclament un congé ou l'air climatisé, Beijing n'avait rien connu d'aussi « chaud » depuis le printemps de 1989, place Tian An Men...

La presse chinoise n'échappe pas à cette surchauffe et à l'effet de serre journalistique. Inlassablement, jour après jour, les médias alignent les reportages à la gloire de Hongkong et à son retour, le 1er juillet 1997, à la mère patrie.

Dans les médias chinois, il n'y en a que pour le retour de Hongkong. Une photo parue dans le *China Daily* nous montre même Liu Beibei, une fillette de six ans de Nanjing qui a réussi l'exploit peu banal de mémoriser 1 997 multiples du *pi* mathématique (3,1416 + 1 993 autres décimales !). Il est vrai que si le Labrador revenait au

Québec un beau matin, multimilliardaire comme Hongkong, je me demande ce qu'un peuple, qui a *Je me souviens* pour devise, serait capable de garder en mémoire...

À la une des journaux, le compte à rebours marquant la rétrocession de Hongkong rythme les jours. Mes collègues de l'agence de presse Chine nouvelle, qui me voient découper inlassablement le journal, croient sans doute que je ne veux rien manquer de cet événement historique.

La vérité, c'est que le 1er juillet marque pour moi la grande réunification, pas celle de Hongkong et de la Chine continentale, mais celle de la famille Bernier-Clavet. Mon épouse et mon fils, que je n'ai pas revus depuis un mois et demi, ont choisi cette date historique pour faire leur entrée en Chine.

Promis, juré ! Quand je les embrasserai à leur arrivée à l'aéroport, canicule ou pas, je leur montrerai ce que c'est que « l'effet de serre »...

拔河

LA GUERRE DES NERFS

J'aurais pu jouer d'audace et tenter de me déplacer en patins à roues alignées dans ce magma informe de vélos, triporteurs, motos, autos, bus et camions qui sillonnent les rues de la capitale chinoise. Mais, si je veux bien jouer les extraterrestres, je n'aime pas tellement me sentir un spécimen d'une espèce menacée...

Dans ce tohu-bohu routier quotidien, de longs camions à bennes ouvertes exhibent leur cargaison de pastèques, de choux et de cochons, quand ce ne sont pas des travailleurs épuisés dormant sur des briques en guise de matelas.

Les *miandi*, ces mini-bus tape-culs jaunes ou blancs, dont le moteur pétarade à qui mieux mieux dans un lancinant concert de klaxons, rivalisent avec les taxis, moins éreintants mais plus coûteux. Le gouvernement les a finalement bannis de la capitale parce qu'il devenait de plus en plus risqué de monter à bord de ces véhicules dont l'essieu, la direction ou le plancher pouvaient vous fausser compagnie à tout instant...

Des autobus articulés, bruyants, se déplacent tant bien que mal dans ce chassé-croisé de plus d'un million et demi de véhicules, allergiques encore récemment à l'essence sans plomb. Et au beau milieu de cette faune motorisée, 20 000 femmes, balayeuses de rues portant un masque pour limiter les effets des émanations d'essence, continuent leur travail comme si de rien n'était.

Par curiosité autant que par instinct de survie, j'ai demandé un jour à un ami chinois : qui a la priorité de passage dans un tel capharnaüm : le piéton, le cycliste, l'automobiliste, le conducteur de bus ou le camionneur ?

Dans une réponse digne du grand Confucius, mon ami se contenta de répliquer :

— Celui qui a les nerfs les plus solides.

牙签

LE CURE-DENTS
ET L'AUTOBUS

Mon fils venait à peine de quitter l'hôtel pour se rendre en autobus à l'école chinoise quand le téléphone a sonné.

— Papa, je suis perdu, disait calmement la voix au bout du fil.

C'était mon fils Charles, appelant d'une cabine téléphonique en plein cœur de Beijing.

— Où es-tu exactement ? lui-ai je demandé, nerveusement.

— Là où je suis présentement, je vois un magasin avec des écriteaux en chinois.

— Ça ne m'avance pas beaucoup, ai-je répliqué. Sais-tu au moins dans quel quartier ?

— Non, mais je pense que je suis encore à Beijing...

— Une chance. Tu aurais pu te retrouver à Shanghai...

J'aurais voulu le tuer. La veille, ma femme et moi, nous avions répété, avec lui en autobus, le parcours qu'il devait emprunter le lendemain pour se rendre à l'école d'immersion chinoise.

— Mais pourquoi n'es-tu pas descendu là où nous te l'avions indiqué, hier après-midi ?

— Parce que, hier après-midi, c'était dimanche et qu'aujourd'hui, c'est lundi. Les autobus étaient vides, hier, mais pas aujourd'hui. J'ai été emporté par le flot de passagers qui montaient et descendaient de l'autobus. Je suis donc descendu, malgré moi, au mauvais endroit...

— Connais-tu le nom de ton école en chinois ?

— Non.

— Et le nom de notre hôtel ?

— Oui.

— Alors, prends le taxi et viens-t'en au plus sacrant !

De retour à l'hôtel, mon fils, pas plus nerveux qu'il le faut, écouta mon sermon de père agité et me mit au défi de prendre l'autobus avec lui, tôt le lendemain matin, pour voir s'il exagérait.

C'est ainsi qu'aux petites heures du jour, vers 6 h 30, mon fils, mon épouse et moi, nous sommes « montés » à bord du bus que Charles avait pris la veille. Quand j'écris « montés », l'expression n'est pas trop forte. Dans la cohue générale créée par la simple ouverture des portes dudit autobus, nous avons littéralement été aspirés à l'intérieur du véhicule par une nuée de Chinois qui nous a pratiquement soulevés de terre.

À bord, mon fils riait de bon cœur en voyant son père et sa mère noyés dans cette marée humaine mouvante. Ma femme riait encore plus que lui, se déplaçant malgré elle dans l'autobus, au gré des arrêts et départs de l'autobus en folie.

La foule était si dense que, par peur de me blesser ou de harponner un passager, j'ai retiré de ma bouche le cure-dents que je mâchouillais nerveusement !

Un peu plus tard, nous nous sommes tout à coup retrouvés tous les trois, le père, la mère et le fils, dans la rue, projetés au dehors du véhicule par une foule de Chinois agglutinés qui descendaient.

Mon fils, sautant sur l'occasion, me regarda d'un œil espiègle et me dit :

— Et puis, papa. Es-tu descendu où tu voulais ?

公羊

LA FEMME BÉLIER

Les Chinois, à force de jouer du coude tous les jours pour se trouver une place à bord des transports en commun, ne font pas toujours dans la dentelle quand vient le temps d'entrer ou de sortir de l'autobus.

L'autre jour, à Beijing, j'ai même vu une femme, dans la cinquantaine, qui s'est frayé un chemin dans un autobus bondé en fonçant littéralement, tête baissée comme un bouc, dans le postérieur d'un homme qui lui barrait la route et qui empêchait les portes de fermer.

Se servant de sa tête comme d'un levier, la femme (d'ascendance Bélier, je suppose) a soulevé l'homme, dont la silhouette a soudain grandi d'un demi-mètre, puis l'a laissé doucement reprendre sa position normale, comme sous l'impulsion d'un bras hydraulique, avant de s'infiltrer dans l'autobus plein à craquer.

Les portes de l'autobus se sont finalement refermées et le véhicule a poursuivi sa route, en attendant l'arrêt suivant ou le prochain bélier.

午夜

MINUIT, PÉKIN. C'EST
L'HEURE SOLENNELLE.

Je marchais déjà depuis un bon moment quand j'aperçus une vieille église en brique grise qui érigeait fièrement sa rotonde et sa croix dans le ciel distrait de la capitale chinoise.

Dans un recueillement plein de piété, une trentaine de Chinois catholiques, en ce frileux matin de l'Immaculée conception, priaient dans leur langue leur ferveur à Marie, dans la cathédrale Nan Tang, à deux pas de la station de métro Xuan Wumen, en plein cœur de Beijing.

Dans quelques jours, cependant, pour la messe de minuit, ils seront près d'un millier à s'entasser dans cette église. Ce n'est pas que Noël soit la plus célébrée des fêtes en République populaire de Chine, bien au contraire. Car rien ne rivalise avec l'ampleur des festivités entourant la traditionnelle Fête du printemps, qui culmine avec le Nouvel an chinois. Mais depuis une douzaine d'années, une occidentalisation galopante accompagne l'ouverture de la Chine. Ainsi, beaucoup de Chinois, les plus jeunes surtout, rêvent-ils aussi d'un Noël blanc.

Il n'est donc pas rare de voir les Chinois de la capitale s'attarder devant une vitrine ou un comptoir faisant étalage de décorations, de cartes ou même de sapins de Noël. Tous les grands hôtels de Beijing, Shanghai et autres villes prospères de Chine proposent des forfaits de Noël que n'affectionnent pas uniquement les touristes étrangers.

Même ici, dans un petit local en annexe de la cathédrale Nan Tang, les icônes de Marie côtoient les sapins en miniature et les têtes de père Noël lumineux. À force d'insister et en mimant presque la scène de la Nativité, pour être bien compris par mes interlocuteurs chinois, j'ai même réussi à me dénicher une crèche rudimentaire, entre un bas de Noël « made in China » et une réplique du Royaume des jouets, à défaut d'y trouver le Royaume des Cieux...

Mais si les Chinois s'intéressent de plus en plus à Noël, ce n'est pas tant pour son aspect religieux que pour son exotisme.

— Je suis allé à deux reprises à la messe de minuit à la cathédrale Nan Tang. Par curiosité plus que par conviction religieuse. À chaque fois, l'église était pleine à craquer. C'est très beau de voir le prêtre et l'assistance chanter des cantiques de Noël, en chinois et en latin, me confie Wang Zhou, un Chinois dans la jeune trentaine, non pratiquant, d'origine mandchoue et qui garde un bon souvenir de cette double incursion en terre catholique.

Fan Huang, une chômeuse de 22 ans qui a quitté la région autonome du Guangxi, dans le sud de la Chine, pour se trouver du travail à Beijing, tout comme des millions d'autres jeunes venus des régions ou des campagnes, pose un regard beaucoup moins angélique sur cette même église où elle s'est rendue à quelques reprises.

— Au début, dit-elle, j'y suis venue une ou deux fois parce que je n'avais nulle part où aller. Puis, un jour, quand le prêtre a lu un passage dans son grand livre (la Bible) pour nous dire qu'il fallait tendre l'autre joue quand quelqu'un nous fait mal, alors, je suis sortie.

Les pratiques religieuses, longtemps considérées comme des hérésies selon le credo marxiste-léniniste de la jeune République populaire de Chine, ont longtemps été frappées d'interdit, quand elles ne faisaient pas l'objet de persécutions. Au sortir de la redoutable Révolution culturelle chinoise (1966-1976), on ne comptait plus les églises, temples et monastères détruits ou endommagés par les Gardes rouges. La cathédrale catholique de Beijing n'a pas échappé à ce sort.

Signe des temps, esprit de tolérance ou opportunisme ? Par crainte d'exacerber les aspirations autonomistes de ses nombreuses minorités, la Chine de Jiang Zemin adoptait récemment une Charte des libertés religieuses. Pour les dix millions de catholiques que compte la Chine, Noël marque l'occasion de sortir de la marginalité et de professer sa foi au grand jour dans un pays qui, au fil de son histoire millénaire, n'a pas toujours tendu l'autre joue.

De retour à la cathédrale Nan Tang, une poignée de Chinois et Chinoises psalmodient avec piété le Notre Père, en chinois *Women De Shangdi*, en attendant la messe de minuit, pendant qu'au dehors, des joueurs de cartes impénitents continuent leur interminable tournoi avec une ferveur quasi religieuse.

Et dire que le 24 décembre à minuit, quand les 12 coups de l'horloge sonneront la naissance de Jésus, un peu partout dans le monde, des pensées se croiseront en prières, en Chine comme ailleurs, pour attendre d'un nouveau-né qu'il change la face de la Terre !

Shendan Kuai le !

Joyeux Noël !

陵

MAO... SOLÉE

J'ai résisté à la tentation. Je n'ai pas acheté d'épingle à cravate à l'effigie de Mao. Pas plus que de lime à ongles, de montre-bracelet ou de calendrier souvenir. À vrai dire, je n'ai rien acheté au sortir de ma visite du mausolée de Mao Zedong.

En ce mardi matin ensoleillé de janvier, journée de réouverture du mausolée de Mao, fermé depuis neuf mois pour réparations, nous sommes des milliers à défiler, dociles, en rangs serrés, dans la partie sud de la place Tian An Men, devant le corps embaumé du Grand Timonier, mort à 82 ans le 9 septembre 1976.

À mes yeux, l'homme qui est là, dans son cercueil de verre, ne vaut guère une épingle à cravate... N'est-il pas responsable de la mort de quelque 15 millions de Chinois, peut-être plus, victimes de la famine et du Grand Bond en avant que leur proposa Mao dès 1958 ? N'est-ce pas encore le même homme qui, en 1966, pour reconquérir le pouvoir qui lui échappe, lance la Révolution culturelle, fanatisant volontairement des jeunes Gardes rouges qui exécutent et maltraitent des millions d'autres Chinois, entraînant le pays dans une véritable guerre civile ?

Difficile de comprendre le culte que plusieurs Chinois vouent encore à Mao Zedong, un quart de siècle après sa mort. Depuis l'inauguration de son mausolée, construit d'octobre 1976 à août 1977 par 700 000 bénévoles, le premier président de la République populaire de Chine a reçu les hommages de 110 millions de personnes, à raison parfois de 40 000 visiteurs par jour !

— J'ai moi-même participé, comme bénévole, à la construction du mausolée de Mao, en compagnie de centaines de milliers d'autres Chinois, me confie Fan Wang, une traductrice dans la quarantaine qui vit à Beijing. Je suis venue lui rendre hommage à plus d'une occasion au fil des années. Mao est toujours vivant dans le cœur des Chinois. À la campagne, il n'est pas rare de voir les paysans afficher plusieurs photos du président Mao dans leur maison. C'était un être humain exceptionnel, avec ses défauts, bien entendu, mais aussi des qualités extraordinaires. Pour bien des Chinois, le président Mao demeure le grand protecteur.

Tous ne partagent pas ce bel enthousiasme. Rencontrée dans un restaurant de Beijing, Fatima Wong, une Chinoise d'origine portugaise établie à Macao, émet un avis plus réservé :

— Mao Zedong n'avait pas que des qualités. Il a commis de graves erreurs. Mais pour tous les Chinois, il fait figure de père.

Voilà donc l'explication freudienne de cette adulation continue pour le personnage. Les Chinois voient en ce fils de paysans, né le 26 décembre 1893 à Shaoshan, dans la province du Hunan, leur propre père. Pourtant, Mao lui-même s'est vite affranchi de la tutelle de son père. À 16 ans, il quitte la ferme familiale, puis gagne la capitale provinciale, Changsha, où il devient soldat de la révolution. Cofondateur du Parti communiste chinois, à Shanghai, en 1921, il mène une vie de révolutionnaire de l'âge de 34 à 56 ans, jusqu'à ce qu'il proclame, en 1949, ici même sur la place Tian An Men, la République populaire de Chine.

Le Mao que les Chinois vénèrent encore aujourd'hui est celui qui leur a redonné la fierté d'être Chinois, après des années de soumission et d'humiliation face aux puissances étrangères. C'est le Mao vainqueur de Tchiang Kai-chek et des nationalistes, le héros mythique de la Longue Marche et le père fondateur de la Chine moderne que les Chinois adulent.

Rien à voir avec le portrait peu flatteur qu'en a fait le docteur Li Zhisui, médecin personnel de Mao, auteur, voilà quelques années, de l'explosive biographie *La vie privée du président Mao*, dépeignant le dirigeant du Parti communiste chinois comme un véritable despote, coureur de jupons, sale de sa personne et exécrable sous tous les rapports. Ce Mao-là, les Chinois ne le connaissent pas.

Ils connaissent plutôt le Mao du *Petit Livre rouge*, dont ils devaient apprendre et réciter la prose par cœur, aux belles heures de la Révolution culturelle. De nos jours, l'édition originale du *Petit Livre rouge* de Mao se vend à prix d'or, mais mon fils l'a obtenue pour 10 yuans, soit pour moins de deux dollars, d'un vendeur qui en demandait pourtant 280 yuans...

Et puis, il faut bien l'admettre, pour un peuple qui n'aime pas perdre la face, il vaut peut-être mieux aduler un ancien président « imparfait », mort de surcroît, que de reconnaître publiquement s'être trompé en s'en remettant aveuglément à ce guide spirituel et père fondateur de la nation... Après tout, le Parti communiste chinois n'a-t-il pas établi, en 1981, que l'héritage de Mao comptait 70 % de positif et 30 % de négatif ?

Je pense à tout ça en avançant lentement en direction du cercueil de Mao. Silence complet dans ce gigantesque édifice de marbre, haut de 33 mètres, sous un grand toit de tuiles vernies que supportent 44 colonnes de granit. Je défile au milieu des Chinois de tous âges et origines, seul Occidental à la ronde, au milieu de ce cortège humain compact.

La visite est gratuite, et personne n'a pris soin de vérifier mon identité ou de me fouiller. Pour à peine deux yuans, on peut acheter un bouquet de fleurs artificielles qu'il est suggéré de déposer, dans la première salle du mausolée, au pied d'une statue géante en marbre blanc du président Mao, assis. Bon enfant, le peuple chinois se doute bien que ses offrandes de fleurs seront récupérées tout à l'heure et revendues à d'autres visiteurs. En Chine, rien ne se perd, rien ne se crée.

Et si c'est vrai pour Mao, ça l'est aussi pour les fleurs !

Pas le droit non plus de s'arrêter devant la dépouille de Mao ou de prendre des photos du défunt, à moins de vouloir finir comme lui, dans un mausolée...

Un collègue britannique, qui m'a refilé plus tôt une photo de Mao momifié prise lors de l'inauguration du mausolée en 1977, m'a certifié que c'est bel et bien le corps de Mao Zedong, et non une réplique en cire, qui repose dans ce temple dont le soubassement est en granit rouge.

— J'ai parlé à l'un des médecins légistes chinois qui ont travaillé sur le corps de Mao, il y a environ cinq ans, pour vérifier si le corps embaumé résistait bien aux caprices du temps. Il m'a juré que c'était bien celui du président Mao, précise mon collègue.

Dans la Chine de cette fin de siècle, le président Mao n'est pas mort. Un obélisque géant, en pleine érection à la place Tian An Men, est là pour le rappeler à tout venant. Une inscription, reproduisant la calligraphie même du président Mao, clame que « les héros du peuple sont immortels. »

Mais ce n'est qu'à ma sortie du mausolée de Mao, autour du marché à ciel ouvert où se démenaient des centaines de vendeurs de médailles et de breloques, que j'ai réalisé pourquoi il est parfois inutile d'acheter une épingle à cravate, même à l'effigie de Mao.

Dans son cercueil de cristal, le Grand Timonier, couvert jusqu'au torse du drapeau

du Parti communiste chinois, n'a nul besoin
d'en porter.

白求恩

SUR LES TRACES DE
NORMAN BETHUNE

Je tenais absolument, pendant mon séjour en Chine, à recueillir le témoignage d'un contemporain encore vivant du célèbre docteur Norman Bethune, héros mythique canadien mort en Chine en 1939 et dont des millions de Chinois gardent encore un souvenir ému.

Bethune, dont le nom résonne encore un peu partout en Chine, est ce chirurgien canadien né à Gravenhurst, en Ontario, qui a exercé à l'hôpital montréalais Royal Victoria, avant de servir en Chine, en 1938, avec l'armée de Mao Zedong.

Chirurgien thoracique de renom, inventeur d'instruments chirurgicaux, artiste et poète, Bethune s'installe d'abord à Montréal où il met sur pied des cliniques de médecine gratuite pour les chômeurs. Il contracte ensuite la tuberculose, mais réussit à s'en guérir lui-même. Sa vie matrimoniale est particulièrement tumultueuse. Il part prêter main-forte aux républicains assiégés lors de la Guerre civile espagnole. Puis, le 31 mars 1938, il arrive à Yenan, dans le nord de la Chine, où il rencontre Mao Zedong et se joint à son armée pour soigner et former médicalement des Chinois qui luttent contre les attaques japonaises. À mille lieues à la ronde, il est l'un des rares médecins qualifiés dans une population comptant pourtant 13 millions de personnes.

Pendant de longs mois, je multipliai donc les démarches afin de retrouver un compagnon d'armes de Bethune ou quelqu'un qui l'aurait côtoyé, sans passer par les voies officielles de crainte de sombrer dans une propagande dithyrambique aussi exagérée qu'inutile.

J'allais abandonner quand la chance me sourit. Par l'intermédiaire d'un collègue de travail, j'appris l'existence de Zhang Yesheng, 76 ans (en 1998), un ancien directeur adjoint de l'hôpital militaire de Beijing, qui distribuait les médicaments dans une clinique de la zone de commandement où travaillait Bethune, dans le village de Jin-Gang-Cun, dans la province du Shanxi.

Monsieur Zhang, que j'ai longuement interrogé dans son modeste appartement de Beijing, avait à peine 17 ans quand il a rencontré pour la première fois le docteur Bethune.

— Le camarade Bethune est arrivé à cheval, accompagné d'un autre médecin, à l'entrée du village. C'était le 17 juin 1938. Qu'il me semblait grand sur sa monture ! Je me sentais un enfant à côté de lui. Le commandant de la zone militaire est venu avec d'autres militaires l'accueillir, lui et son équipe médicale. L'équipement suivait à dos d'âne. Son arrivée avait été annoncée à l'avance. Bethune est descendu de cheval pour saluer les militaires venus à sa rencontre. Je me souviens qu'il portait de longues bottes lacées en cuir et qu'il avait revêtu un uniforme militaire chinois de couleur grise. Il avait une casquette et il portait la moustache. Il avait l'air plutôt maigre.

Je buvais chaque mot du vieil homme aux cheveux blancs, comme si, en l'écoutant, j'empruntais à mon tour le parcours sinueux de Bethune, un être méconnu et controversé dans son propre pays, et pourtant adulé, 60 ans après sa mort, dans le pays le plus populeux de la planète.

— Après son arrivée au village, Bethune m'a confié des médicaments et des instruments de chirurgie qu'il avait apportés d'Occident. Avec l'aide d'un interprète, Bethune m'a expliqué comment il fallait conserver les médicaments. Je me souviens qu'un jour, des médicaments devaient arriver d'un autre village. Quand le docteur Bethune a découvert que les boîtes qui devaient les contenir étaient arrivées vides, il a piqué toute une colère… En fait, les médicaments avaient été interceptés par les forces rivales nationalistes du Kuomintang, du général Tchiang Kai-chek.

D'une confidence à une autre, j'apprends un tas de choses sur Bethune : qu'il ne parlait pas chinois ; qu'il travaillait sans relâche ; qu'il fumait beaucoup (des cigarettes soutirées aux prisonniers) ; qu'il se baignait nu, dans la rivière ; qu'il aurait eu des aventures amoureuses avec une infirmière missionnaire néo-zélandaise qui œuvrait à l'hôpital de la Concorde, à Beijing (elle aurait même transporté clandestinement des cigarettes et des médicaments dans ses sous-vêtements pour confondre les Japonais) ; qu'il aurait également eu des rapports « très rapprochés », selon les mots de monsieur Zhang, avec l'épouse chinoise d'un médecin indien établi en Chine à la même époque.

— Bethune buvait-il ? ai-je risqué de demander à monsieur Zhang.

— De l'alcool ? Non, pas à ma connaissance. D'ailleurs, il détestait la boisson locale, une sorte d'alcool de riz. Par contre, il buvait beaucoup de café, qu'il se procurait auprès d'amis qui lui faisaient parvenir en même temps des médicaments.

Norman Bethune était infatigable. On raconte qu'une fois, il a opéré 115 patients en 69 heures, sans répit, malgré le feu nourri de l'artillerie.

Puis, le 12 novembre 1939, à Huangshikou, à l'âge de 49 ans, il meurt des suites d'une infection au doigt contractée en soignant des blessés chinois.

— La nouvelle de sa mort nous a tous consternés. C'était incroyable. Un mois plus tôt, je l'avais vu inaugurer l'école médicale. Il avait l'air en bonne santé. J'étais présent quand on a pris une dernière photo de Bethune sur son lit de mort.

Et je laisse mon vieil ami à sa peine et à ses souvenirs. Je le remercie pour ses confidences, mais avant de le quitter, j'accroche à sa veste sans manche une épinglette de l'unifolié canadien. Zhang Yesheng retrouve son sourire.

Sur le chemin de retour, je trouve tout à coup insignifiante ma petite vie tranquille comparée à celle de Norman Bethune. Mais, je me console en me disant qu'il me reste la vie devant moi et en réalisant que j'ai passé finalement plus de temps en Chine que mon héros !

16号公车

LE 16

Il y en a qui sont prêts à payer gros pour percer les mystères de la Chine et se rendre explorer la Grande Muraille, les Tombeaux des Ming ou la Cité interdite. Si seulement ils savaient que, pour moins de 10 cents, ils n'ont qu'à monter à bord du bus numéro 16, à Beijing même, pour découvrir la « vraie » Chine de tous les jours !

Bien sûr, si vous êtes frileux en hiver, sujet à la déshydratation en été ou tout simplement allergique aux convulsions d'autobus du genre tremblements de terre, le 16 est fortement à déconseiller…

En revanche, si vous aimez l'aventure, le 16 vous attend ! Mais attention. Ce bus articulé, peint en rouge et crème, ne se laisse pas apprivoiser par le premier *laowai* (étranger) venu.

Il faut un certain temps avant de pleinement apprécier le parcours chaotique et cahoteux qu'il nous propose dans les ruelles étroites et engorgées des arrière-cours de la capitale chinoise.

Premièrement, en montant à bord, vous vous en doutez bien, c'est la cohue pour trouver l'une des rarissimes places assises que vous offre son compact habitacle. La contrôleuse, qui prend place à l'entrée de l'avant-dernière porte de l'autobus, crie aux gens de se « presser », au propre comme au figuré.

Puis, l'aventure commence. Au premier arrêt, un vieillard au crâne dénudé s'appuyant péniblement sur une canne se cherche une banquette. Vous lui proposez votre place. Il refuse. Vous insistez. Tout le monde vous regarde, mais personne ne bouge. Vous prenez le vieillard et vous l'assoyez, presque de force, à votre banc.

Debout, vous vous agrippez tant bien que mal à un manchon en métal qui dépasse du banc en bois de votre voisine. Sans faire exprès, vous lui arrachez quelques cheveux. Elle se dégage de votre étreinte et vous jette un regard assassin.

Le parcours se poursuit, dans un concert de klaxons et de messages enregistrés que beuglent en chinois des haut-parleurs qui datent de la Deuxième Guerre mondiale... Les messages sont incompréhensibles, même pour les Chinois.

On dirait que l'autobus articulé se démembre à chaque tournant. La partie centrale de l'autobus, en forme de soufflet, prend des allures d'accordéon musette et joue des airs déglingués sur fond de tôle ambulante.

De la fenêtre coincée qui vous fait face, vous observez, en vous étirant le cou, les vendeurs de rue et leurs étals de cigarettes, de pastèques, de patates douces, de marrons et de viande. Les réparateurs de bicyclettes ne chôment pas, tout comme les prostituées aux portes des hôtels. Sur le trottoir, de l'autre côté de l'autobus, un commerçant finit de se brosser les dents et lance le contenu de sa cuvette d'eau devant lui. Un bébé fait pipi.

À bord, une chaleur lourde vous prend à la gorge. Une grand-mère s'éponge le front avec un mouchoir fatigué tandis que son petit-fils bouffi avale une glace.

Je suis arrivé. Je descends me mêler à la foule. Je reviendrai, en fin de journée, reprendre le 16 et ma place dans cette fascinante Chine en marche.

大跃进

LA LONGUE MARCHE

Mao était un petit rigolo. Je comprends maintenant ce qu'il voulait dire par la Longue Marche. À moins d'avoir un vélo, on n'arrête pas de marcher à Beijing.

Bien sûr, je n'ai peut-être pas, comme Mao Zedong et son Armée rouge chinoise, franchi 12 000 kilomètres, traversé 18 chaînes de montagnes en 368 jours, parcouru 12 provinces et occupé 60 villes...

Mais j'ai quand même réussi à faire deux ou trois fois le tour de la place Tian An Men (40 hectares), à gravir deux fois la Grande Muraille (et à m'y perdre !) et à arpenter sans fin les boulevards, les avenues, les rues, les *hutongs* (ruelles) et les chemins en friche qui tapissent cette capitale de 13 millions d'habitants, en perpétuelle reconstruction.

Et puis, à force de marcher et de marcher encore dans Beijing, on voit aussi tous ceux qui ne marchent plus, c'est-à-dire ces nouveaux riches, à l'obésité naissante, sacoche au poignet, qui se déplacent en BMW ou en Audi ; et ces mendiants et éclopés du métro qui, pour une poignée de yuans, entonnent un air de l'Opéra de Pékin sur fond de misère humaine.

La Chine, c'est encore ce cortège d'aînés qui, dès l'aube, envahissent les jardins et les parcs publics pour leur pratique quotidienne de *taiji quan*, véritable ballet chorégraphié où l'on voit des vieillards fendre la brume matinale d'un sabre monumental ou marcher à reculons, comme pour remonter dans le temps et retrouver leur vigueur juvénile.

Mais depuis que les autorités chinoises sont parties en guerre contre le *falun gong*, dont les adeptes sont plus nombreux que les membres du Parti communiste chinois, la pratique de certains arts martiaux se fait de façon un peu plus discrète...

Comme on le voit, on a beau marcher en avant ou à reculons en Chine, l'important est encore de marcher au pas !

Décidément, Mao avait raison. La Longue Marche ne fait que commencer.

光碟

LA MAIN DANS LE SAC

La scène se passe à la porte du très achalandé *Marché de la soie*, avenue Jianguomen, en plein cœur de Beijing, un bel après-midi d'automne. Des milliers de touristes et de vendeurs chinois s'agglutinent à l'entrée de cette rue de brocante, étroite comme la rue du Trésor à Québec, où des copies piratées des grandes griffes de la mode et des écharpes en soie véritable vous sont offertes à des prix dérisoirement bas.

À cet endroit aussi se pressent, sans trop de discrétion, des vendeurs de disques compacts contrefaits qui, pour moins de trois dollars, vous proposent le dernier album d'Elton John ou les grands succès de Céline Dion. Ce jour-là, mon épouse et moi, nous nous étions mis en quête de trouver, au marché noir, un album compilation du chanteur Sting, denrée rare dans les magasins de disques officiels où on vous rebat les oreilles avec les Kenny G., Jordi, Yanni et autres Richard Clayderman de la planète.

D'abord, se placer bien en vue pour être facilement repéré par les vendeurs de cédéroms piratés. La chose n'est pas très difficile puisque, avec nos visages et nos vêtements d'Occidentaux, synonymes pour les Chinois de « portefeuilles qui marchent », nous ne risquons pas d'être pris pour des paysans chinois...

Une Chinoise glisse discrètement à l'oreille de mon épouse, qu'elle a vite repéré : « C.D., C.D. ». Puis, la vendeuse se place un peu en retrait de la foule, pénètre dans une boucherie et, là, tout au bout d'un passage sombre où pendent de vieux rideaux tachés de mille empreintes graisseuses, nous invite à la suivre. Sans jamais flairer le danger, nous voilà soudain rendus dans une cour arrière où un autre Chinois complice ouvre un sac plein de copies piratées de cédéroms.

Le commerce du cédérom et d'autres produits de consommation piratés est encore florissant en Chine puisque peu de Chinois peuvent acheter un album de leur chanteur ou groupe préféré au prix officiel de 20 dollars l'unité. Pourquoi payer autant, en fait, quand, sur le marché « noir de monde » où se déroule ce petit négoce, au vu et au su de tous, vous pouvez payer jusqu'à cinq fois moins cher ?... Pour les Chinois, la chose s'explique. Pour ma femme et moi, qui gagnons un salaire de Chinois, la chose s'excuse...

Juste au moment où notre vendeur nous exhibe, dissimulés dans un pan de son manteau, les grands succès de Sting, une main robuste s'agrippe à son épaule tandis qu'un autre homme saisit la vendeuse et son butin. Des policiers ! En vêtements civils ! Nous ne les avions pas remarqués, nos vendeurs non plus...

Pendant une bonne dizaine de secondes, nous restons plantés là, le cœur battant à tout rompre, dans ce fond de ruelle sombre, les mains pleines de cédéroms que la police n'a pas osé nous reprendre, par crainte d'avoir des complications puisque nous sommes étrangers.

Nous abandonnons les disques sur place, dans un geste automatique motivé autant par la peur que par la culpabilité, tandis que les policiers empoignent les deux vendeurs par le collet et les emmènent prestement au poste de police pour y être fichés et emprisonnés pour la nuit... ou au coin de rue voisin où, moyennant une légère ristourne, ils pourront retourner à leur petit commerce.

Tout de suite après, nous repartons indemnes, le cœur battant et les jambes molles, heureux pour une fois d'être « étrangers » dans cette foule compacte surpeuplée d'ombres chinoises où, en cet après-midi fuyant, on ne distingue plus très bien les honnêtes gens des voleurs.

月饼

L'ÉCLIPSE DES PETITS GÂTEAUX
DE LUNE

Qu'ils sont doux, et comme ils sont beaux les petits matins où on se lève avant les gens que l'on aime, comme pour mieux humer le petit jour et annoncer, par exemple, à sa conjointe et à son fils, encore assoupis, quel temps il fera.

Faisant cela, je me mets aussi à penser à quoi ressembleraient ces levers du jour si je les vivais seul, sans mes deux amours.

L'air serait-il aussi frais ? Le cri des oiseaux, le pas des passants et cette exquise sensation de voir valser le temps sur cet air léger qu'orchestre la nature aux premières heures du matin se volatiliseraient-ils ?

Quand j'y pense, cela me rappelle le triste sort réservé de nos jours aux « gâteaux de lune », ces petits délices que s'échangent les Chinois à la Fête de la mi-automne, selon le calendrier lunaire. Coutume née sous la dynastie Yuan (1279-1368), l'échange des gâteaux de lune est en perte de vitesse depuis l'ouverture de la Chine au monde extérieur.

À notre époque, la consommation de ces petits gâteaux est en chute libre, une baisse de 38 % par année, et cela même si le prix de ces petits-fours chinois, longtemps prisés à l'occasion des réunions et des retrouvailles en familles, a été réduit de 30 %. De 6 000 tonnes de gâteaux de lune en 1996, la consommation annuelle a fondu de moitié et atteint, deux ans plus tard, à peine 3 000 tonnes.

Il en est donc des petits gâteaux de lune comme des petits matins chinois. Il faut les consommer avec amour, passion et délectation, se dépêcher de les goûter d'abord seul, pour ensuite mieux les partager avec ceux qu'on aime, avant qu'ils ne s'éclipsent.

唱

CHANTER EN CHINOIS

Je déambulais dans le hall de l'hôtel de l'Amitié, à Beijing, quand j'ai entendu une jeune musicienne chinoise interpréter une superbe chanson au piano.

Malheureusement, comme je ne comprends pas le chinois, il m'était difficile de deviner le sens de cette chanson dont je retins toutefois la mélodie.

Une semaine plus tard, de retour au même hôtel, je revois la même pianiste. Entre deux chansons, je lui fais signe de jouer la fameuse pièce, dont je lui fredonne l'air, de mémoire.

La voilà qui se met aussitôt à jouer et à chanter cet air qui, je l'ai appris depuis, est très populaire en Chine.

À la fin de son morceau, je lui demande de m'écrire le titre de la chanson, sur un bout de papier, en chinois, histoire de pouvoir l'acheter chez un disquaire.

C'est ainsi que j'ai pu mettre la main sur cette chanson chinoise délicieuse que je suis parvenu à apprendre phonétiquement, sans même savoir ce qu'elle signifiait.

Je l'ai même chantée, un soir, devant un auditoire de Chinois réunis à la discothèque de l'hôtel où nous habitons, à l'occasion des festivités du Nouvel an chinois. Sans que je comprenne moi-même ce que je fredonnais, les Chinois ont saisi, paraît-il, au moins 50 % de ce que je leur chantais.

Voici, en gros, ce que raconte cette chanson :

Je m'ennuie de vous. Je m'ennuie de vous

Heureusement d'ailleurs parce que, autrement, j'aurais été assez embarrassé de chanter :

Je vous ennuie. Je vous ennuie.

魔术

COUP DE BAGUETTE MAGIQUE

Il y a de ces soirées magiques que l'on croirait créées par un dieu ou un magicien.

Voilà justement ce que nous avons vécu, mon fils, ma femme et moi, l'autre soir, au Théâtre Century, à Beijing, où se produisait le chef d'orchestre québécois Charles Dutoit, dieu-magicien qui dirigeait l'Orchestre symphonique national de Chine.

Même si nous ne sommes pas des habitués des grands orchestres philharmoniques et des soirées de concerts classiques, nous n'allions tout de même pas rater la prestation en Chine d'un grand chef comme Dutoit qui, depuis déjà plusieurs années, fait honneur à la musique et au Québec partout dans le monde.

Le soir venu, nous avons pris place « dans le pit », à trois rangées exactement du mur du fond de l'amphithéâtre... Dans notre cas, des lunettes d'approche étaient superflues : un télescope eut mieux fait l'affaire ! Mais tant pis, la soirée allait commencer.

Au programme : *Ma mère l'Oye*, suite de Ravel toute en douceur et en teintes suaves ; le *Concerto en do majeur pour violon, opus 35,* de Korngold, suivi de la *Symphonie n° 5 en do mineur, opus 47,* de Chostakovitch. Et c'est là, dès les premiers coups de baguette magique de Charles Dutoit, le geste ample et le bras droit, que la féerie de la musique de Ravel nous a gagnés peu à peu.

À un moment, emporté par le charme des violons, j'ai vu, je le jure, les manches blanches des musiciens en *tuxedos* noirs se transformer en colombes, et les archets devenir des baïonnettes aux mains de soldats d'opérette au garde-à-vous !

Quand ce fut au tour d'attaquer l'œuvre de Korngold, la violoniste montréalaise Chantal Juillet, dans sa robe de velours couleur jade (la pierre préférée des Chinois), entra en scène, prouvant en peu de temps qu'elle et son violon avaient assurément beaucoup de cran et... de crin ! Cette virtuose de l'archet offrit une prestation enjouée et sensible, avec un entrain et une grâce qui ont plu. La preuve : les Chinois l'ont rappelée à quatre reprises !

Dans une finale quasi athlétique, Chantal Juillet fit même pâlir d'envie deux ou trois violons altos qui, avec leurs pauvres archets, fendaient l'air tels des naufragés agitant leurs mouchoirs sur le pont du *Titanic...* Décidément, si Aznavour a pu chanter *Paris au mois d'août,* nous autres, nous pourrons au moins dire : « Nous avons entendu Juillet à Beijing »...

À l'entracte, la magie se poursuivit alors que mon fils et moi tentions de prendre en photo une affiche de Charles Dutoit, comme souvenir de son passage en Chine. Spontanément, une Chinoise et son fils, du même âge que le mien, s'offrent de poser pour nous devant l'affiche.

— Mon mari est premier trompette dans cet orchestre. Si vous voulez, je peux vous obtenir des billets gratuits pour tous les autres spectacles de l'orchestre, me susurre Jenny Han, dans un anglais parfaitement mélodieux.

Au retour de l'intermède, Charles Dutoit donne sa pleine mesure avec la symphonie musclée de Chostakovitch, tenant à bout de bras cet orchestre chinois, fondé voilà à peine un an et demi, qu'il dirige pour la première fois et encore, tout à fait bénévolement. Les gestes du maestro se précipitent ; les épaules s'arquent et se cambrent ; les mains tirent plus qu'elles ne poussent, tel un pantin qui, à force d'agiter ses cordes, en vient à manipuler celui qui le retient. L'habit à queue-de-pie que porte Dutoit s'agite en tous sens.

Mais au beau milieu de l'allegretto de la *Symphonie no 5*, surprise : la sonnerie du téléphone cellulaire d'un spectateur chinois retentit dans la salle, étouffant presque un piccolo. Flûte ! Bienvenue en Chine, monsieur Dutoit !

Plus tôt, pas de veine, en ouverture de l'œuvre en moderato, le joueur de cor a loupé une note. Le premier cor de l'orchestre aura-t-il eu un « haut-le-cor » ? La baguette magique de Charles Dutoit corrige tout.

À la fin, il les mérite, Dutoit, ces rappels et

cette gerbe énorme de fleurs que lui remettent des hôtesses chinoises. Le chef d'orchestre d'origine suisse leur fait gentiment la bise : petite entorse à l'étiquette car les Chinois n'aiment pas beaucoup qu'on les embrasse (enfin, c'est ce qu'on dit !).

De toute la soirée, mon fils Charles, qui à 13 ans préfère habituellement écouter les Spice Girls et les *Deux minutes du peuple* de François Pérusse plutôt que Ravel ou Debussy, ne rate pas une note, pas un mouvement de baguette, pas un roulement de timbale.

Et comme le spectacle prend fin, la magie, elle, continue d'opérer jusqu'à la loge de Dutoit où mon épouse, ne reculant devant rien, nous entraîne, mon fils et moi. Le maestro sort nous saluer.

À mon fils, que je lui présente en disant : « Charles, voici Charles », Dutoit réplique :

— Mon garçon, maintenant que tu vis en Chine, tu devras apprendre au moins 2 000 caractères chinois d'ici un an. Ce n'est pas si difficile. C'est comme pour les notes de musique.

Nous prenons congé du musicien. Nous quittons l'amphithéâtre. Mon fils, à qui Dutoit a eu le temps de serrer la main, jure, impressionné, qu'il ne se lavera plus jamais la main (des excuses !), qu'il est très ému, que c'est le plus grand jour de sa vie, etc.

Malédiction. Nul d'entre nous n'a pensé prendre une photo de cette rencontre mémorable. Mon appareil photo est demeuré tout ce temps dans le sac à main de mon épouse.

Tant pis. Nous sommes à présent sur le terrain de stationnement, à l'arrière de l'amphithéâtre, quand, par un autre de ces moments magiques, nous nous retrouvons nez à nez avec Dutoit et Chantal Juillet qui prennent le taxi. Vite ! L'appareil photo. Dutoit et Juillet acceptent de poser en compagnie de mon fils. Excités, nous leur faisons un brin de causette, puis nous les saluons, non sans leur souhaiter bonne chance pour leur prochaine prestation, au Japon.

Nous sommes comblés. Mon fils est fou de joie. Non seulement il ne se lavera plus jamais la main, mais il promet déjà de faire un poster géant de ce cliché qui, à n'en pas douter, passera à l'histoire. Après tout, une photo vaut mille Mao.

原 理

LA THÉORIE DE L'ÉPONGE

Personne n'aime être à court d'arguments, surtout quand il est question de comparer les capacités des jeunes, qui suivent nos traces, et celles des parents, qu'une société expéditive a tôt fait de mettre au rebut.

Comme je racontais, non sans fierté, à des interlocuteurs à quel point mon fils avait appris le chinois rapidement (il a appris le mandarin en sept mois), je fus exaspéré de les entendre me répliquer à l'unisson : « C'est normal. Les jeunes apprennent beaucoup plus vite que nous, les adultes. »

C'est exactement le genre de propos qui me mettent hors de moi. Comme si le processus d'apprentissage nous abandonnait, banalement, à mesure que nous avançons en âge.

Lassé d'entendre mes interlocuteurs s'extasier devant les prouesses linguistiques de mon fils, insinuant presque que son pauvre père était un parfait imbécile, j'en conclus qu'il me fallait rapidement mettre au point une théorie...

C'est ainsi que fut inventée ma théorie dite de l'éponge. En fait, selon cette théorie, il serait plus facile d'absorber une nouvelle réalité pour un enfant, dont l'éponge du vécu est presque intacte, que pour un adulte, qui a assimilé toute sa vie des notions, des expériences et des sensations qui ont fini par détremper les tissus spongieux de sa mémoire...

J'exposai donc les grandes lignes de ma théorie à mon jeune fils, lui rappelant que ma mémoire gardait précieusement le souvenir de ses premiers balbutiements, ses premiers pas, sa première randonnée à vélo, sa première journée d'école, etc.

— Il me suffirait, lui dis-je, de libérer un peu de ma mémoire vive, à la façon d'un ordinateur, pour qu'aussitôt je puisse, par exemple, apprendre le chinois comme toi et...

Mon fils ne me laissa même pas le temps de compléter ma phrase.

— Touche pas à ta mémoire ! me dit-il, sur un ton qui mit fin à mon exposé et qui, à mes yeux du moins, valida ma théorie.

酒

UNE LARME DE VIN

Les fins de mois, au début de notre séjour en Chine, étaient particulièrement difficiles. Avec mon maigre salaire de Chinois, il devenait impossible de joindre les deux bouts. C'est donc dans un climat de quasi-panique que nous avons accueilli l'annonce de la visite, à la fin du mois, de mon beau-frère français, de passage à Beijing.

Il y avait déjà plus de quatre mois que nous vivions dans un étau financier qui commençait d'ailleurs à nous peser sur le plan familial. Je me souviens très bien qu'une journée, par exemple, pour nous distraire un peu de cette morosité budgétaire, mon épouse, mon fils et moi, nous nous sommes rendus dans un restaurant de la chaîne *Subway*. La scène restera toujours gravée dans ma mémoire : à défaut de pouvoir nous offrir chacun un sandwich individuel de type « sous-marin », nous en avons partagé un à trois, le nez collé, à la fin du repas, sur l'emballage en papier ciré qui contenait les miettes…

Inutile de rappeler à quel point la venue de mon beau-frère, à quelques jours d'avis, nous plongeait dans l'embarras le plus complet ! Qu'allions-nous lui offrir ? Nos armoires de cuisine étaient dégarnies et nos poches, vides.

Comme je le fais habituellement dans ce genre de situation extrême, je me suis tourné vers ma femme... Je l'implorai de jouer une fois de plus les bonnes fées et de nous concocter, comme par enchantement, une gibelotte savoureuse, à défaut d'une tenue de bal... Encore une fois, France fit des miracles. À l'heure dite, au moment où mon géant de beau-frère (il fait presque 2 mètres !) arriva au logis, le fumet exquis d'une sorte de ragoût improvisé embaumait la pièce.

— Je ne veux pas paraître impoli, nous dit le beau-frère, mais pourquoi n'irions-nous pas plutôt manger au restaurant ? Je vous y invite.

D'habitude, je ne refuse jamais semblable invitation. Mais là, pris au piège de l'amour-propre et pour ne pas froisser ma bonne fée, je déclinai l'offre.

— Permettez-moi d'insister, répliqua-t-il. Vous pourrez toujours manger demain le plat que France nous a cuisiné.

Puis, comme pour enfoncer le dernier clou au cercueil de mon indécision, il ajouta :

— D'ailleurs, tous mes frais de représentation me sont remboursés.

En moins de temps qu'il n'en faut pour crier lapin, nous étions aussitôt prêts à nous rendre en manger... Mon industriel de beau-frère nous amena donc dans le plus chic restaurant français de la capitale chinoise. À l'entrée, le maître d'hôtel me fit discrètement signe que je ne pouvais prendre place à table en « culottes courtes », la tenue vestimentaire que nous avions tous adoptée, ce soir-là, pour combattre la canicule. Je lui dis, à la blague, que je mettrais alors les « shorts » de mon beau-frère, un gaillard qui a presque deux fois ma grandeur... et un portefeuille tout aussi impressionnant. Face à de tels arguments, on nous laissa en paix !

La suite est digne d'un conte de fées. Magnanime, mon beau-frère m'offrit de choisir le vin. Pour tout dire, je n'en avais pas bu une goutte depuis mon arrivée en Chine, à l'exception peut-être du vin chinois (mais peut-on encore appeler ça du vin ?).

J'optai pour un rouge, un cabernet sauvignon shiraz australien. À ma première gorgée, aussi vrai que je m'appelle Roger, j'ai versé une larme ! Une larme de contentement ! J'avais oublié à quel point le vin peut être bon.

Puis, le pâté de foie, les rillettes, charcuteries, pains farcis, fruits, fromages, grillades et pâtisseries se succédant, j'ai finalement échappé cet aveu d'apothéose :

— Je n'aurais jamais cru possible d'aimer autant un beau-frère !

面 条

LE PLAT DE NOUILLES

Assez niaisé. Aujourd'hui, aux grands mets, les grands moyens. Fini de manger des trucs dont je n'ai pas envie, mais que je me résigne toujours à commander par défaut, étant donné ma méconnaissance du chinois.

Cette fois-ci, je ne prends pas de risque. J'ai dessiné sur un calepin les caractères chinois d'un plat de nouilles copiés sur la vitrine d'un restaurant de Beijing qui affiche des photos couleur des repas qu'on y sert.

La serveuse n'a pas hésité un seul instant et a déchiffré sans mal ces quatre idéogrammes grossièrement dessinés qui me donnent enfin droit à un plat que le Destin et l'ignorance, pour une fois, n'auront pas choisi à ma place...

En attendant qu'on me serve mon repas, j'en profite pour décrire les lieux et les Chinois des tables voisines. Resto sans éclat. Bruyant. Une quinzaine de tables, tout au plus, toutes occupées. Le plancher en *terrazzo* ne paie pas de mine. Les dîneurs parlent, mangent, rotent et boivent simultanément... À côté, deux filles, bien vêtues, mangent des épinards et du porc, et sirotent leur thé glacé.

À une autre table, au fond, six Chinois dans la trentaine parlent sports, autos ou femmes, comme le font tous les hommes de la terre. Au-dessus du bar, un tableau blanc, couvert de caractères chinois, semble proposer le menu du jour. Je ne prends pas de risque. Je m'en tiens à mon plat de nouilles.

Tiens. La serveuse arrive tout sourire avec mon plat et disparaît aussitôt. Simonac, c'est pas des nouilles, ça, mais des vers de terre ! Vite, j'accroche une autre serveuse au passage, et lui crie presque : « Bu yao, Bu yao ! », ce qui signifie en français, textuellement : « J'en veux pas, j'en veux pas ! ».

Elle ne comprend pas et va chercher une autre employée aux cuisines. Dieu du Ciel, celle-ci parle anglais. Je lui demande :

— Qu'est-ce que c'est ? Des vers de terre ?

— No. No. Not worms. But fish.

— Quelle sorte de poisson ?

Ma sainte foi du bon Dieu, sans me répondre, elle repart aux cuisines et revient, 30 secondes plus tard, avec une bassine où nagent de drôles de bestioles qui ressemblent à des couleuvres.

— Fish. Fish, répète-elle

— Bu yao ! Bu yao !

Je suis au bord de l'hystérie.

Finalement, j'arrive à lui faire comprendre que ces espèces d'anguilles sous-alimentées me donnent mal au cœur.

— Chicken, maybe ? finit-elle par me suggérer.

— Apporte le poulet ! lui dis-je prestement, m'efforçant d'afficher mon plus beau sourire par peur d'avoir à payer pour ces maudites couleuvres que j'ai à peine humées...

La suite se devine. J'ai reçu mon poulet, je l'ai mangé, j'ai réglé l'addition et je suis parti bien vite en me jurant que la prochaine fois, j'apporterais un dictionnaire chinois ou j'irais chez McDonald's, de l'autre côté de la rue...

寓 言

LA CIGALE ET LA FOURMI

Toute ma vie, j'ai voulu faire mentir monsieur Jean de La Fontaine et son implacable fable *La cigale et la fourmi*. Car quoi, dans cette fable, il n'y en a que pour les besogneux. Les artistes et poètes, eux, s'en tirent plutôt mal.

La cigale, ayant chanté tout l'été,
Se trouva fort dépourvue quand la bise fut venue.

Depuis que je vis en Chine, on dirait que le Destin se charge de me le rappeler. D'abord, la cigale, qui s'entête ici à mener un bruit infernal, ne m'est plus tellement sympathique.

Elles sont des milliers, comme elle, « à chanter tout l'été » dans les arbres qui encerclent l'immeuble qui abrite ma chambre à coucher.

Cet insecte bavard est capable d'émettre des stridulations qui atteignent parfois 120 décibels ! On dit même que la cigale mâle, à raison de 7 400 pulsations par minute, émet un son perceptible à plus de 400 mètres...

Or, comme ces insectes se retrouvent par milliers au sommet des arbres où ils s'égosillent à toute heure du jour, c'est un peu comme si vous écoutiez à plein volume et à longueur de journée les vocalises d'Andrea Bocelli. Mais, je me console, ça pourrait être pire : la voisine du dessous aurait pu être chanteuse à l'Opéra de Pékin...

J'ai tout essayé pour ne plus entendre le chant de ces insomniaques bestioles. Les bouchons d'oreilles, la musique à fond de train et les portes closes. En vain. C'est plutôt moi qui suis devenu sans doute, aux yeux des cigales narquoises, la bestiole insomniaque...

Certains soirs, quand le sommeil ne vient toujours pas, je me surprends même à réciter dans ma tête ce dialogue cruel de La Fontaine, entre la fourmi ouvrière et l'insoucieuse cigale :

LA FOURMI

Que faisiez-vous au temps chaud ?

LA CIGALE

Au temps chaud, ne vous déplaise, je chantais à tout venant.

LA FOURMI

Vous chantiez ? J'en suis fort aise. Eh bien, dansez maintenant !

Et j'en rage dans mon lit.

蚊

LE MARINGOUIN CHINOIS

L'un des rares irritants de notre aventure chinoise, ce sont les damnés moustiques qui nous empêchent de dormir la nuit.

Notre appartement, qui est quand même très convenable, laisse entrer tous les soirs, depuis que je suis arrivé en Chine, des moustiques particulièrement vicieux et voraces.

Ils se cachent dans la chambre, derrière un rideau ou contre les parois d'un meuble, pour attaquer dans la nuit, sans crier gare. Parfois, ils prennent pour cibles une paupière ou le front.

Il faut alors allumer la lampe et se mettre à les chasser.

La nuit dernière, par exemple, un seul maringouin m'a tenu constamment éveillé, en plus de m'infliger au moins douze piqûres douloureuses, elles-mêmes responsables d'enflures aux bras, aux jambes et surtout, à la nuque, lieu de prédilection de l'infâme moustique. Cette partie de l'anatomie humaine, du point de vue du maringouin, demeure une parfaite oasis de fraîcheur par ces nuits torrides.

Comment s'y prend le maringouin chinois pour attaquer sa proie ? N'ayant pas fait d'études savantes sur la question, je mentionnerai seulement ces quelques observations notées à partir de mon expérience de la nuit dernière. On m'objectera qu'un seul moustique, c'est un échantillonnage restreint. D'accord, mais vous admettrez que 12 piqûres, ça commence à représenter un taux de participation du « répondant » passablement satisfaisant...

Première observation : les moustiques asiatiques ont inventé une technique dite de « l'attaque avec silencieux ». Je les surnomme « kamikazes japonais », car ces maudites bibittes coupent leur moteur avant de foncer tête baissée sur un bout de chair qui dépasse des couvertures, de sorte qu'on ne les entend jamais venir.

Mais à la différence des pilotes suicidaires qui se sacrifiaient ainsi sur l'autel de la patrie et pour l'honneur de l'empereur nippon Hiro-Hito, notre moustique « sacrificateur » ne meurt pas ; ou plutôt si, pour renaître aussitôt et frapper à nouveau dare-dare, pour ne pas dire dard-dard, sa victime.

Les insecticides de toutes sortes – plaquettes électriques, chasse-moustiques en vaporisateur et prières de circonstances – n'ont sur lui aucun effet. Je le sais. Je les ai tous essayés. Sur moi, par contre, toutes ces odeurs camphrées finissent par me donner mal au cœur.

Je me souviens d'un soir où, particulièrement en appétit, un maringouin chinois s'est amusé toute la nuit à me piquer en plein sur les articulations des doigts : une jointure piquée dans son amour propre, je vous l'assure, ça enfle rapidement, et pas nécessairement par orgueil...

En une autre occasion, je me suis levé tôt un matin pour découvrir, après une première gorgée de café que je n'arrivais pas à garder en bouche et qui dégoulinait sur le plancher de la salle de bain, que j'avais été sournoisement piqué, pendant mon sommeil, sur la lèvre inférieure qui, on le comprendra, s'était momentanément transformée en lèvre supérieure...

Mes collègues de travail, à l'agence Chine nouvelle, ont eu du mal à me reconnaître ce matin-là. Certains ont même pensé un moment qu'un rédacteur africain avait pris place à mon bureau...

Chaque fois, la douleur que j'ai ressentie à la suite d'une piqûre de maringouin chinois m'a amené à m'ennuyer des maringouins québécois qui, je ne sais si c'est par convention mondaine ou syndicale, ne frappent jamais la nuit quand ils sont captifs d'une de nos maisons.

Peut-être qu'après Confucius et l'ère du mandarin chinois, notre civilisation vient-elle d'entrer dans l'ère du maringouin chinois...

PEAU D'ÂNE

Les Chinois ont connu la famine à plus d'une occasion. Leur cuisine nationale traduit donc cette habileté à apprêter tout ce qui grouille et s'agite, dans l'eau, sur terre ou dans les airs, à l'exception peut-être des êtres humains et des avions...

La tradition culinaire chinoise, qui s'enrichit de plusieurs cuisines locales, est d'ailleurs considérée, avec la cuisine française, comme l'un des fleurons de la gastronomie internationale.

Étonnante dans sa présentation, plaisante à l'œil et nourrissante au goût, la cuisine chinoise ravit tous les palais, à condition de ne pas trop prêter attention aux conditions d'hygiène dans les endroits publics.

Au cours de mon séjour de deux ans en Chine, j'aurai fait l'expérience de nombreux mets traditionnels, comme le canard laqué et les œufs de cent ans, et d'autres plats moins populaires, comme le chien ou le concombre de mer.

Chez un colonel d'armée, qui avait convié notre petite famille à un dîner somptueux, j'ai goûté, par exemple, à des vers à soie, « mets prisé » des Chinois, mais « méprisé » par moi ! Pour faire passer le goût, j'ai trinqué une bonne partie de la soirée, avec le colonel, multipliant les culs secs (*gam-bé*) au *mao tai*, un puissant alcool de riz. Il existe même une photo de cette soirée mémorable où, entre deux toasts et les vapeurs d'alcool, on peut me voir portant la casquette du colonel de l'Armée populaire de libération, une familiarité habituellement interdite aux étrangers. Quant au colonel, il fendait l'air de la pièce avec un sabre géant, dont il fit don plus tard à mon fils.

D'ordinaire, quand on me servait un plat familier, comme du poulet ou du porc, j'étais toujours surpris de voir que ce qui me semblait être un plat chaud était plutôt servi froid, et vice versa.

Mon fils, pour sa part, s'est délecté, plus souvent qu'à son tour, de brochettes d'agneau, cuites à la braise dans la rue et négociées à très bas prix. Pour ce qui est de mon épouse, elle appréciait particulièrement les mets épicés du Sichuan.

Je ne compte plus, par ailleurs, le nombre de banquets auxquels nous avons été conviés grâce à l'extrême hospitalité des Chinois.

Je me souviens pourtant d'un repas inoubliable pris dans un village chinois de la province du Hebei, où j'avais été invité à la faveur de l'annonce officielle de l'aménagement d'un centre sino-canadien de santé pour enfants.

Après la traditionnelle cérémonie de la première pelletée de terre, les dignitaires canadiens et chinois ont pris place autour d'un copieux banquet où volailles, viande de boucherie, légumes, potages, thé et boissons locales étaient à l'honneur.

À ma table, pivotante comme le veut l'usage en Chine, un mets attira particulièrement mon attention et ma baguette. Cela avait le goût d'une charcuterie passablement salée mais agréable en bouche, d'une texture légèrement caoutchoutée, apprêtée dans une sauce savoureuse.

Par curiosité, j'ai demandé à mon voisin de table ce que c'était au juste, tout en me servant une autre portion de ce plat mystérieux.

Mon voisin, qui mastiquait et se préparait à avaler une bouchée, faillit s'étouffer quand il me répondit, en chinois, que c'était de l'âne. Comme j'avais déjà goûté à tant de bizarreries depuis mon arrivée en Chine, je ne me formalisai pas outre mesure d'avoir mangé de l'âne. Mais quand j'ai vu mon compagnon de table et les autres dîneurs rire à gorge déployée, je voulus savoir quelle partie de l'animal j'étais en train de mâchouiller.

La réponse ne se fit pas attendre. Tous les Chinois éclatèrent de rire quand mon voisin de table apporta, à voix haute, cette embarrassante précision :

— Du pénis d'âne !

Et dire que j'en ai redemandé…

勋 章

LA FILLETTE ET LE MÉDAILLON

Parfois, certains petits gestes banals peuvent changer notre quotidien.

J'étais monté à bord du métro de Beijing et j'avais même réussi à me trouver une place où m'asseoir.

Sur la banquette que je partageais avec un groupe de paysans venus de la campagne, je faisais semblant de m'intéresser à un journal chinois ramassé par terre. Du coin de l'œil, je guettais tous ces visages chinois qui épiaient les moindres gestes de cet étranger qui détonnait dans leur décor.

À mes côtés, une fillette d'environ huit ans surveillait, sans que rien n'y paraisse, mes moindres gestes. Je lui fis un sourire et, plongeant une main dans le sac que j'avais posé à mes pieds, j'en retirai une épinglette à l'effigie de Radio Chine Internationale, qu'un ami chinois m'avait donnée un peu plus tôt.

Au moment où j'allais la lui donner, la fillette dévisagea ma précieuse offrande, mais avant de l'accepter, s'avisa, du regard, de demander conseil à ses parents, là, juste à côté. Comme les parents semblaient d'accord, elle fit signe qu'elle acceptait mon modeste présent. Je décidai d'épingler moi-même à sa robe la minuscule agrafe qui, aux yeux de l'enfant, prenait valeur de bijou.

Tout ce temps-là, les passagers chinois des autres banquettes, et ceux qui, debout, parvenaient à se maintenir péniblement en équilibre, n'avaient cessé d'observer notre petit manège.

Les choses allaient en rester là quand, quelques minutes plus tard, à ma grande surprise, la fillette tira légèrement sur la manche de ma chemise. D'un geste bien ordonné, comme si elle l'avait pratiqué un long moment dans sa tête, la fillette enfila autour de mon cou son bien le plus précieux, un pendentif plastifié, avec la photo du président Mao Zedong se balançant au bout d'une ficelle rouge.

Les Chinois des autres bancs approuvèrent le geste en souriant béatement, tandis qu'un tendre frisson parcourut mes jambes et mes bras.

Avec Mao suspendu au cou, j'ignore de quoi j'ai eu l'air. Mais, de ma vie, personne ne me fit un plus beau présent.

扇

LE VENTILATEUR

Le Chinois, d'ordinaire, ne transpire pas.
Mais il peut faire suer !

Un jour où il faisait particulièrement chaud,
à Beijing, je me suis rendu dans un magasin
près de chez moi qui proposait plusieurs
modèles de ventilateur.

Comme ma connaissance du chinois est
franchement approximative, j'indiquai au
vendeur que je voulais un appareil
semblable à celui que je montrais du doigt.
Aussitôt dit, aussitôt fait. Voilà mon vendeur
en train de dévisser le modèle en démonstration fixé au mur !

— Non, pas celui-là. Pas celui qui est cloué
au mur. Je veux un modèle semblable.

Mon explication semble un moment être
tombée dans l'oreille d'un sourd. Puis, le
vendeur me fait signe qu'il a finalement
compris ce que je voulais. Le voilà qui sort
un ventilateur neuf, caché sous le comptoir.

Le commis branche ensuite l'appareil pour
s'assurer qu'il est en bon état de fonctionner,
comme on le fait toujours en Chine. Puis, il
me demande de régler la facture, ce que je

m'empresse de faire, d'autant plus que ma petite séance de gesticulations au comptoir a fini par attirer pas mal de Chinois, vendeurs et badauds, qui se massent autour de moi. Il commence à faire vraiment chaud !

Comme je tente d'expliquer au vendeur que je désire une boîte pour emporter ce foutu ventilateur, il me fait signe qu'il a compris. Il se dirige aussitôt vers l'entrepôt dont il revient, cinq minutes plus tard, avec une boîte vide.

Et là se produit sans doute la chose la plus bizarre dont j'aie été témoin depuis mon arrivée en Chine : sans perdre un instant, le vendeur a ficelé la boîte vide, au moyen d'un ruban rose, me l'a remise dans une main par-dessus le comptoir, en prenant soin de me tendre le maudit appareil dans l'autre main.

Estomaqué, ahuri, je suis resté un moment sans comprendre, puis, renonçant même à chercher un sens à cette nouvelle incompréhension, j'ai quitté le magasin, sous les regards amusés des Chinois, mon ventilateur sous un bras, et ma boîte vide emballée, sous l'autre…

筝

UN CERF-VOLANT À
TIAN AN MEN

Ce matin-là, avec mon fils, je déambulais place Tian An Men parmi les vendeurs de babioles de toutes sortes.

À chaque pas, je ne pouvais m'empêcher de penser au massacre des étudiants, en juin 1989, par l'armée chinoise. Il me semblait voir partout les scènes macabres au cours desquelles des milliers d'étudiants ont été abattus ou renversés par des chars d'assaut dans une ambiance d'apocalypse.

Or, quand ce marchand de cerfs-volants s'est approché de nous, avec sa panoplie d'instruments volants tous plus difficiles à manier les uns que les autres, mon trouble s'est dissipé un peu. J'ai négocié le prix et acheté à mon fils un cerf-volant en forme d'aigle majestueux.

Difficile de décrire ce sentiment confus, mêlé de joie et de gêne, que j'ai ressenti un court instant à tenir au bout d'une ficelle un semblant d'oiseau survolant la place Tian An Men, emporté par un vent aussi vigoureux qu'amnésique...

Et mon fils, grisé par le spectacle magique d'un aigle qui se livre à un ballet aérien, a fait voler, à son tour, dans le ciel de Beijing les rêves et les joies d'une jeunesse plus vivante que jamais.

Chapitre 4

La cage dorée

Dans un quatre étoiles
à Zhengzhou

À L'ORDRE DU JOUR

Je ne rêve pas. Je suis bien dans le *boardroom* du Guangdong Regency Hot Spring Hotel, établissement quatre étoiles de la ville de Zhengzhou, où je participe à la réunion matinale quotidienne du personnel de direction, dont mon épouse et moi faisons partie.

Autour de la table, comme dans un mauvais film mettant en scène des mafiosi de Hongkong, nous sommes 13 directeurs à incarner notre propre rôle de soutien, flanqués d'un directeur général jouant le Parrain, avec son porte-documents volumineux et sa tasse de thé avec couvercle typiquement chinois. Tous les matins, le directeur général est d'ailleurs le seul à exhiber ainsi sa tasse, symbole de sa supériorité.

Je ne rêve pas, non, mais je dois me pincer pour me convaincre que tout cela est bien réel. Je serais même tenté de croire qu'il s'agit d'une fabulation, d'une représentation onirique, si mon épouse n'était pas à mes côtés, conviée à cette même réunion. Eh, oui ! France est bien là, assise à ma droite, et tout ce carnaval n'est pas moins authentique.

La séance se déroule au début dans un

anglais plus qu'approximatif, le temps de faire un tour de table et de permettre aux collègues de s'identifier. On nous présente ensuite, nous, les deux étrangers, à notre premier jour de travail. Puis, le naturel revenant au galop, la suite des choses se passe en chinois.

Nous n'y comprenons rien, France et moi, mais nous jouons bien nos rôles. Et c'est ainsi qu'en ce 30 novembre 1998, deux hurluberlus québécois, qui n'ont jamais de leur vie travaillé dans un hôtel, se trouvent mêlés à ce décor surréaliste chinois, se demandant sans cesse jusqu'où cette nouvelle aventure les mènera.

Un autre matin, le grand tableau blanc que j'avais demandé qu'on installe dans la grande salle de réunion du conseil était à sa place. Les autres directeurs des différents départements de l'hôtel avaient tous pris place autour de la table. J'allais donc pouvoir commencer mon exposé, en anglais, devant ce public captif de Chinois à la mine éveillée en ce matin frisquet de décembre.

« Quand il vient à Zhengzhou, le père Noël couche à notre hôtel. »

J'avais cru trouver là un thème accrocheur, générateur de projets d'activités susceptibles d'augmenter la clientèle de l'hôtel en cette période du temps des Fêtes.

« Réveillez le père Noël, dessinez-le, photographiez-le dans le lobby ou écrivez-lui. »

Il ne manquait pas d'originalité, ce projet de promotion concocté avec l'aide de mon épouse, ci-devant directrice de l'exploitation (non, ce n'est pas moi qu'elle exploite !).

Pendant 20 minutes, avec précision et conviction, j'ai pesé chaque mot, ralenti mon débit exprès pour être bien compris de mon auditoire chinois peu habitué aux propos d'un conférencier s'exprimant dans une langue qui lui est étrangère.

J'étais convaincu d'avoir rallié l'auditoire à ma cause, en ciblant une clientèle-jeunesse émerveillée par la féerie de Noël pour mieux attirer leurs parents, aisés, clients potentiels de l'hôtel.

À la fin de mon exposé, j'ai cependant dû déchanter : le responsable du marketing et des ventes, piqué sans doute dans son orgueil, se sentit obligé de justifier le programme promotionnel de Noël qu'il avait lui-même conçu de son côté.

Par la même occasion, il me signifia, devant tous les autres directeurs, que mon programme d'activités de Noël était voué à l'échec. La raison en était fort simple. En ciblant les jeunes de 5 à 15 ans, je m'étais mis le doigt dans l'œil jusqu'au coude, puisqu'en Chine, les jeunes ne sont pas autorisés à déambuler librement dans les halls d'hôtel. Et convaincre leurs parents de les y accompagner relevait plutôt de la gageure !

J'ai donc perdu la face. Car même si j'avais tout prévu, les coûts, les objectifs et la finalité de mon programme de promotion, une chose m'avait échappé : les jeunes Chinois peuvent toujours rêver du père Noël,

ce n'est pas demain qu'ils vont pouvoir lui
tirer la barbe !

英 语 课

LES ROIS DE LA COPIE

Les Chinois sont incontestablement les rois de la copie. Que ce soit les modèles de montres haut de gamme, les vêtements griffés, les sacs à main, les machines ou les boissons gazeuses, rien n'est à l'abri de la contrefaçon. Les Chinois copient tout ce qui leur tombe sous la main à une cadence infernale.

Et quand vous faites remarquer à un Chinois que plagier une technologie ou une Jeep Cherokee, c'est un grave manquement à l'éthique commerciale, celui-ci répond, sans même froncer les sourcils :

— Pendant des siècles, les Occidentaux ont copié nos inventions, de la poudre à canon à la brouette. Ce n'est que justice si nous leur empruntons aujourd'hui un peu de leur savoir-faire.

Aussi, est-ce avec peu d'étonnement que j'ai dû assister, impuissant, à une séance de plagiat collectif alors que je faisais subir un test d'évaluation en anglais à un groupe d'une trentaine d'employés chinois.

À peine le test était-il entamé que j'ai vu leurs yeux se promener d'une copie à l'autre, arrachant ouvertement une réponse ici et là à l'un ou l'autre de leurs collègues.

J'eus beau leur dire, dans leur langue grâce à une interprète, que leur emploi n'était pas en jeu et qu'il ne valait pas la peine de copier les uns sur les autres, rien n'y fit.

J'aurais pu, bien sûr, jouer les matamores et déchirer la copie du premier auteur de plagiat pris à son jeu, mais j'ai réalisé qu'il ne servait à rien de nager à contre-courant d'une habitude aussi ancrée dans les mœurs chinoises.

Mais le plus drôle, et le plus pathétique à la fois, c'est lorsque, à la fin de la séance, j'ai confisqué sur le bureau d'un élève un papier sur lequel je croyais pouvoir trouver la copie du corrigé de l'examen. À ma verte honte, je n'ai trouvé que le nom du candidat, calligraphié par une main complice.

Le pauvre garçon était analphabète !

动 物 园 长

LE GARDIEN DE ZOO

Le midi, entre la fin de ma session d'enseignement du matin et la reprise des cours d'anglais, je vais souvent me promener dans le petit jardin clôturé qui longe la grande rue où se dresse notre hôtel.

Emmuré dans l'enceinte même du terrain adjacent à l'hôtel, ce joli sentier pédestre, lové dans un aménagement paysager remarquable serti de végétations verdoyantes, est idéal pour la méditation et la digestion après le repas du midi.

De l'intérieur du jardin, on a beau jeu pour observer les ouvriers et paysans chinois qui défilent dans la rue, souvent alourdis par les bêches et baluchons encombrants qu'ils traînent sur leurs épaules en inlassables travailleurs itinérants.

Et s'il est vrai que je peux observer, à loisir et de loin, ces ouvriers au pas lourd, ceux-ci ne se gênent pas non plus pour regarder longuement ce curieux bipède à peau blanche que je représente à leurs yeux, moi qui fais partie d'une faune étrangère encore très mal connue au cœur de la populeuse province rurale du Henan.

Parfois, à force de se dévisager ainsi mutuellement, j'ai l'impression d'être au jardin zoologique. Le problème, c'est que je ne sais toujours pas qui, de moi ou d'eux, est le spectateur ni qui est l'animal en cage, objet d'autant de curiosité.

Aujourd'hui, je retournerai faire une marche dans le petit jardin. Je porterai alors pour la première fois mon uniforme de travail, un veston fait sur mesures dont je viens de prendre possession. De cette façon, au lieu de me prendre pour un animal en cage, ce qui finit par être vexant à la longue, mes spectateurs chinois me prendront peut-être… pour le gardien du zoo.

心不老

UN CŒUR D'ENFANT

Le 24 décembre. Neuf heures du matin. Après le petit-déjeuner, nous sommes remontés à notre chambre, mon épouse et moi, avant la réunion du personnel cadre prévue à 9 h 30.

France est comme une enfant à l'idée de célébrer Noël, en fin de soirée. Tout à l'heure, pendant que j'étais occupé à faire ma toilette avant la réunion, elle a quitté discrètement la chambre, pris l'ascenseur et descendu cinq étages pour aller porter un bonbon (oui, un bonbon !) à un gamin de trois ans entraperçu plus tôt à la table du restaurant où nous venions de manger.

C'est bien France, ça ! Elle voit un enfant, et son univers bascule. Elle redevient enfant dans le temps de le dire, et pas seulement parce que Noël s'en vient.

La vie est ainsi faite. Comme j'ai beaucoup de mal à redevenir enfant moi-même, le Destin (ou le Ciel) a voulu que ma compagne de vie ait le cœur doublement enfantin, un trait de caractère plutôt original dans un pays où se pratique encore la politique de l'enfant unique…

天下太平

PAIX SUR TERRE

Il faut bien vivre en Chine pour découvrir que les Chinois connaissent mieux que nous Noël et les nombreuses légendes qui entourent cette fête.

Parfois même, certaines de ces coutumes nous sont carrément étrangères, ce qui a l'air de surprendre nos amis chinois qui trouvent que, pour des Canadiens qui vivent si près du pôle Nord, nous sommes drôlement ignorants !

Si les Chinois s'intéressent autant à Noël, c'est sans doute parce que, pendant les sombres années de la Révolution culturelle (1966-1976), il leur était interdit de célébrer cette fête religieuse.

Aujourd'hui, le sens religieux de Noël s'est perdu en Chine (et d'ailleurs aussi en Occident !). Par contre, l'esprit bon enfant de cette fête a gagné le cœur de tous les Chinois, qui multiplient les décorations qu'ils suspendent aux devantures des édifices publics.

À l'hôtel où nous vivons et travaillons, le directeur général a eu l'idée de transplanter un arbre de Noël géant dans le *lobby*. Mon épouse et une équipe de représentants du département des ventes se sont mises en frais de le décorer. Pas facile de garnir de clochettes, de boules, de chérubins et de guirlandes un arbre haut de plus de 20 mètres !

Mais c'est tout de même impressionnant de lancer au faîte de l'arbre des grelots à l'extrémité d'une corde pendant que les haut-parleurs du plafond se fendent d'airs et de chansons de Noël fort connus. Car, grâce à l'ingéniosité de mon épouse, qui a réussi à s'infiltrer dans le local des agents de sécurité responsables de la sonorisation de l'hôtel et à y substituer ses propres disques, nous avons droit depuis quelques jours à des cantiques et des chants de Noël divinement interprétés par des artistes québécois passablement dépaysés.

Je mets fin momentanément à cette pieuse rêverie puisqu'un des directeurs assis à la table du conseil, où je me trouve pour écrire ces lignes, semble chanter, non pas des cantiques, mais une poignée de bêtises à son collègue de droite. Comme tout se passe en chinois, je n'y comprends rien…

J'y pense. Comme ce serait merveilleux si, à Noël, personne ne se comprenait : ce serait assurément la paix sur la Terre !

LE SALAIRE DE LA PEUR

Le groom et la directrice adjointe de l'hôtel nous ont fait, l'autre soir, une bien troublante révélation : ils n'ont pas touché leur salaire depuis quatre mois !

Et, selon ce qu'ils nous ont dit à mots à peine voilés, il ne s'agirait pas d'un cas isolé puisque la majorité des employés de l'hôtel où nous vivons et travaillons n'auraient pas reçu leur paie depuis plusieurs mois.

Hier soir, c'est un serveur du restaurant occidental Grace Western qui a remis sa démission au patron pour les mêmes raisons. Une semaine plus tôt, une jeune secrétaire a quitté, elle aussi, l'hôtel, sous prétexte qu'elle n'avait pas été payée depuis presque six mois. Heureusement pour elle, avant de démissionner, elle a eu l'idée de se « payer » à même les services de l'établissement, organisant ses propres noces dans la grande salle du plus chic restaurant de l'hôtel, le tout aux frais de son employeur.

Depuis qu'elle a annoncé son intention de ne plus rentrer au travail, au terme d'une semaine de vacances consenties par l'employeur à l'occasion de son voyage de noces, celui-ci refuse d'accepter et de signer sa lettre de démission tant que l'employée rebelle n'aura pas complètement acquitté les frais de sa noce à l'hôtel.

Quelle sorte d'entreprise est-ce donc que ce Guangdong Regency Hot Spring Hotel, où l'on se permet d'exploiter sans la payer une main-d'œuvre aussi dévouée ?

Et quelle sorte d'exemple donnons-nous à notre fils en demeurant tout de même au service d'un pareil établissement, pour une question de salaire, alors que les employés que nous sommes censé motiver et former ne sont même pas payés ?

Cela doit être ce que les dirigeants chinois appellent pompeusement « une économie de marché socialiste aux caractéristiques chinoises »...

理 发 店

LE BARBIER DE ZHENGZHOU

Nous avions pris rendez-vous, la veille, pour 11 heures du matin, au salon de coiffure de l'hôtel. Coupe de cheveux pour mon fils et moi, teinture pour mon épouse. Or, à 11 heures pile, nous voilà à la porte du salon, dont les rideaux sont encore fermés. Pas de lumière non plus à l'intérieur.

Nous cognons. Une fois, deux fois, plusieurs fois, à la porte. Pas d'échos de qui que ce soit à l'intérieur. Nous nous informons de la situation au bureau voisin. La préposée du centre d'affaires nous prête main-forte et vient frapper bruyamment à la porte du salon de coiffure.

Cette fois, nous percevons quelques bruits épars de l'autre côté de la cloison. Et, petit à petit, le mini-salon de coiffure reprend vie, de même que ses occupants, un coiffeur et deux masseuses qui, la nuit venue, partagent le même salon-dortoir.

Les cheveux encore tout ébouriffés, les yeux dans la graisse de *bean* et la bouche pâteuse, les trois individus surpris en « flagrant délit de descente de lit » ne s'excusent nullement d'avoir oublié de se lever à temps pour ce premier rendez-vous avec des clients. Au contraire, ils prennent tout leur temps, s'étirent et entreprennent, devant nos yeux ahuris, leur toilette matinale...

Le coiffeur brosse énergiquement ses dents, se gargarise longuement, puis crache avec fracas dans l'évier. L'une des deux masseuses, au corps longiligne encore assoupi, fait ses exercices d'assouplissement en s'étirant comme un félin. Plus discrète, mais à peine, l'autre fille se promène de long en large dans le salon avec son nécessaire à toilette.

Après cette étonnante démonstration d'hygiène à la chinoise, le coiffeur se tourne enfin vers sa cliente – ma femme – et se prépare à lui appliquer la teinture. C'est bien mal connaître mon épouse de croire qu'elle va se laisser tripoter le chignon sans avoir un mot à dire ! Avec amples gestes et simagrées, elle arrive à lui expliquer comment procéder pour appliquer la teinture, sans abîmer vêtements et cuir chevelu.

Le coiffeur, qui rit comme un perdu, n'en revient tout simplement pas qu'on lui dise quoi faire...

Mon fils, qui se débrouille maintenant très bien en chinois, intervient et explique au coiffeur qu'il s'agit d'une teinture « occidentale » et qu'il a intérêt à suivre les « suggestions » de sa mère. Finalement, après un court conciliabule autour de la chaise de coiffure, le barbier de Zhengzhou s'exécute.

Entre-temps, mon fils et moi continuons d'observer les deux masseuses poursuivant leur résurrection matinale.

À un moment donné, le téléphone retentit dans la pièce. Une des deux coiffeuses répond. S'ensuit une conversation animée au cours de laquelle la plus jeune semble miauler des répliques à son interlocuteur invisible. Mon fils me résume qu'il s'agit d'une conversation érotique.

Beau cours de sexologie pour mon fils adolescent ! De quoi décoiffer ce jeune homme encore pubère, et son père…

造 爱

SE METTRE À TABLE

Ce matin, j'ai fait l'amour à Zhengzhou. Ce n'était ni la première ni la dernière fois. Mais je réalise comme je suis chanceux de vivre un amour aussi total, avec ma blonde, sans avoir à débourser un sou, ce qui est loin d'être le cas pour plusieurs clients de l'hôtel chinois où je vis et travaille.

En fait, ce n'est pas rien que d'aimer et d'être aimé gratuitement. À notre hôtel, où les masseuses ne sont pas toutes des enfants de chœur, il est bon de se le rappeler.

Et puis, rien n'est plus ennuyeux qu'un dîner d'affaires comme celui auquel le patron de l'hôtel nous a conviés, mon épouse, mon fils et moi, hier après-midi.

Flanqué de sa fille de 12 ans, mignonne victime de ce repas hyper ennuyant où le président Mao occupait le gros de la conversation, le patron s'écoutait ânonner son soliloque somnifère. Mao par-ci, Mao par-là. Le patron n'a pas cessé de faire l'éloge du Grand Timonier, ce paysan mal dégrossi friand de porc épicé, mort en 1976.

Mon fils et la fille du patron regardaient leur montre, impuissants face à ce déluge d'inepties et ce désert d'idées qu'ils étaient contraints de subir, comme nous d'ailleurs et le directeur général de l'hôtel, valet du grand patron.

Comme c'est le patron qui payait l'addition, le repas fut maigre. C'est comme ça. En Chine comme ailleurs, les riches offrent toujours ce qu'il y a de moins cher. Et ils achètent les gens comme les clients de l'hôtel se paient des massages très spéciaux...

Heureusement, il y a une justice sur terre. Plus tard en soirée, des amis chinois, sans le sou mais le cœur plus grand que les mains d'une masseuse, nous ont invités à un repas copieux. Nous en avons profité pour prendre congé du patron et de Mao.

饺子

MAO ET LES RAVIOLIS CHINOIS

Elle a dit qu'elle n'aimait pas Mao. Il m'aura fallu attendre plus d'un an et demi après mon arrivée en Chine pour entendre un premier citoyen chinois me dire ouvertement son aversion pour l'ancien Grand Timonier.

« Et je ne suis pas la seule », s'est empressée d'ajouter la jeune amie chinoise que j'avais invitée à dîner.

Cet aveu m'étonne puisque, un peu partout, à Zhengzhou, à Beijing ou ailleurs en Chine, le culte de Mao continue d'avoir ses adeptes. Au centre-ville de Zhengzhou, par exemple, la statue géante du président Mao se dresse à la croisée des voies périphériques, tel un phare rassurant dans la nuit.

Il n'est pas rare non plus de monter dans un taxi où le conducteur place, bien en vue, suspendu à son rétroviseur, le scapulaire de Mao en guise de porte-bonheur, comme le font encore d'ailleurs des conducteurs québécois avec l'effigie de saint Christophe ou de la bonne sainte Anne…

J'ai donc eu droit ainsi à ma première confidence anti-Mao. Il était temps !

Je suis sûr que le cas de Michelle, comme elle se fait appeler en anglais, n'est pas unique et qu'ils sont plusieurs à critiquer secrètement celui qui, voilà un demi-siècle, donnait naissance à la République populaire de Chine.

Mao Zedong, ses excès, ses erreurs, les famines dans lesquelles il a entraîné le peuple chinois ; sa croisade contre les moineaux qu'il accusait d'abîmer les récoltes et qu'il a fait exterminer ; sa vendetta contre les intellectuels ; ses parties de fesses légendaires ; sa malpropreté chronique ; sa méconnaissance profonde des rouages de l'économie ; bref, cet être exécrable qui a pourtant mis au monde la Chine moderne est ce même homme que mon amie désavoue dans ce restaurant où s'agitent des dîneurs autour de généreuses portions de *zaozhe,* ces délicieux raviolis farcis dont Marco Polo, au XIIIᵉ siècle, a exporté la recette en Italie (et non l'inverse, comme on le croit souvent à tort en Occident !).

Ça fait du bien de voir la jeune génération chinoise (mon amie a 21 ans) s'ouvrir les yeux sur la réalité historique, tournant ainsi le dos à 50 ans d'une propagande balourde bâtie autour d'un homme auquel, encore aujourd'hui, le Parti communiste chinois attribue la note de « 70 % de bien, 30 % d'erreurs »...

Bien sûr, le père de la Chine a redonné sa fierté au peuple chinois, habitué aux humiliations des envahisseurs japonais ou barbares et à la condescendance des nations occidentales.

Mao a permis aux Chinois de relever la tête.

Malheureusement, c'est aussi lui qui la leur a rempli de mensonges grotesques, dépeignant les étrangers comme des diables mécréants dont il fallait se méfier comme de la peste. En fait, la peste, c'était lui, Mao Zedong, mais cet homme était incapable de sentir l'odeur putride qui exhalait de son propre corps.

Aujourd'hui, mon amie Michelle et moi avons des haut-le-cœur à table, et ce n'est pas à cause des raviolis chinois, qui sont absolument délicieux.

開学

PREMIER JOUR D'ÉCOLE
« Little Harvard School »

C'est le nom pompeux que se donne l'école privée chinoise où se rend ce matin, pour la première fois, mon fils Charles, admis en classe de première secondaire.

Le complexe qui abrite cette école de 400 élèves, où vivent aussi certaines de leurs familles dans des logements de type condo aménagés dans des édifices en hauteur, est de proportions gigantesques.

À l'entrée principale du campus, un policier monte la garde, comme il se doit en Chine. Une fois franchie la clôture d'accès, nous sommes aussitôt encerclés par une ribambelle exubérante d'élèves qui s'amusent à accueillir, pour la première fois dans cette enceinte, un étranger.

Je demande discrètement à mon fils, qui se tient en retrait, apparemment pas plus impressionné qu'il ne le faut par cette bruyante ronde enfantine, comment se dit « chanter » en chinois ? « Tchang Ke », me glisse-t-il discrètement à l'oreille.

Et là, sur la première marche de ciment qui

me tient lieu de tribune, dans la cour intérieure de cette école aux couleurs bon enfant, je m'improvise professeur de chant. Les écoliers chinois, qui ne se font pas prier, entonnent aussitôt en chœur et au diapason une comptine joyeuse dans leur langue maternelle.

C'est leur façon de dire « bienvenue » à ces curieux *laowai,* ces étrangers aux grands yeux et à grand nez, à ce grand jeune homme effilé comme une allumette, à son drôle de père rondelet et court sur pattes, et à sa mère bien en chair au sourire contagieux.

Oui, drôle de rentrée scolaire vécue en ce petit matin givré au Petit Harvard de Zhengzhou. Un autre de ces moments magiques qui font de cette incursion dans la Chine profonde une expérience unique où nous parvenons ainsi à arracher au Destin et au train-train des jours d'inoubliables instants d'éternité.

作业

LES DEVOIRS CHINOIS
À LA MAISON

Comme mon fils, un beau soir, me demandait de vérifier avec lui son devoir de mathématiques en chinois, et que je ne comprends pas cette langue, je n'ai pas trouvé mieux à lui dire :

— Bon. Ça va pour ce soir...

Et mon fils, le plus sérieusement du monde, a complété ses devoirs, sans même rire de son ignorant de père.

Comme quoi, en plus d'avoir appris la langue des Chinois, il en a retenu la politesse infinie...

拉 链

LE ZIPPER

Je sors de l'hôtel. Ciel morose, temps cru. Journée typique à Zhengzhou où le soleil est rarement au rendez-vous.

Les Chinois ne l'ont pas attendu et dès l'aube ont enfourché leurs vélos triporteurs et transporté sur plusieurs kilomètres leurs charges de pièces métalliques, matériaux de construction et autres objets hétéroclites.

Le jour reprend ses droits sur la nuit, le travail prend le pas sur les hommes. Ceux-ci n'ont pas le choix. Il faut trimer dur pour avoir droit à sa maigre pitance. La petite misère se lit sur tous les visages besogneux. Qu'importe le discours officiel chinois, la richesse est encore clairsemée en Chine.

Ouverte officiellement au monde extérieur depuis 1978, la Chine est une huître hermétique qui ne laisse pénétrer que, bien imparfaitement, les sels alcalins nécessaires à l'éclat de ses perles.

Huître ou fermeture éclair ? À vous de choisir. J'opte personnellement pour le *zipper,* que les Chinois ont tant de mal à fermer sans qu'il se brise.

L'ouverture de la Chine ne serait donc que ça, finalement : une immense fermeture éclair défectueuse, de fabrication chinoise, qui laisse entrer l'air incommodant venu de l'extérieur, et qui permet aussi d'évacuer l'air vicié de l'intérieur.

Vivement l'avènement du « velcro » pour que la Chine s'ouvre et se referme sans trop de complications !

坏人

LE VILAIN DANS TINTIN

Perdu le contrôle de mes *né-nerfs,* hier. La victime ? Un chauffeur de taxi chinois qui avait refusé de me conduire à l'hôtel.

Excédé, je l'ai engueulé, en anglais, en français et en chinois (pour peu qu'on veuille ainsi appeler la dizaine de mots orduriers que je lui ai lancés au visage), devant mon fils qui assistait impuissant à la scène.

Pourquoi ai-je agi ainsi ? Mû, sans doute, par un ressort interne mal comprimé, j'ai éclaté avec une violence verbale qui aurait plu au capitaine Haddock.

Privé depuis trois semaines de la présence de mon épouse, rentrée en vacances au Québec, on dirait que je suis en manque d'elle et que je souffre d'écœurite aiguë face à la plus banale civilité chinoise.

Comme cela s'était d'ailleurs déjà produit à Beijing, à plus d'une occasion, le grossier chauffeur de taxi a refusé de me prendre comme client, préférant lire son journal. J'ai alors pris d'assaut son véhicule, m'y engouffrant contre son gré, lui intimant l'ordre de me conduire à ma destination.

Bras d'honneur, gestes irrévérencieux, propos scabreux : j'ai eu recours à toute la panoplie des gestes obscènes.

Attirés par cette spectaculaire engueulade sur la place publique, des badauds accourus sur les lieux de l'esclandre ont écouté le chauffeur leur expliquer qu'il n'avait pas compris exactement où je voulais aller... Avec un Chinois, inutile de tenter d'avoir le dernier mot, surtout si vous êtes étranger.

Mon fils, quand je me fus calmé un peu plus tard, m'a rappelé que dans l'album de Tintin, *Le Lotus bleu*, un étranger blanc avait lui-même engueulé et éconduit un pauvre tireur de pousse-pousse qui l'avait accidentellement heurté sur la rue.

Pas drôle, quand on veut jouer les Tintin, de se faire dire par son fils qu'on est plutôt en train de jouer les vilains !

姓 名

AU PAYS DE JOHN WAYNE

Ils se font appeler Karen, Jessica, John ou Alice, mais en réalité, ils se nomment Li, Fei, Zhang ou Xia. À l'hôtel où nous travaillons, et c'est la même chose là où ils sont en contact avec les étrangers, les Chinois adoptent des noms en anglais, le plus souvent empruntés aux personnages de leurs manuels scolaires d'anglais.

Parfois aussi, le nom qu'ils portent à leur veston est celui d'un collègue congédié qu'ils remplacent. Le patron leur remet alors l'insigne et l'uniforme de l'employé dont ils prennent la place et dont, sans trop le savoir, ils prennent du coup l'identité.

C'est ainsi que, lors d'entrevues réalisées dans le cadre du cours d'anglais que je donnais à une centaine d'employés de l'hôtel, j'ai eu droit à des femmes de chambre prénommées Bill et à des garçons d'ascenseurs s'appelant Judith !

Ni yao xué yinyu ma ? « Veux-tu vraiment apprendre l'anglais ? » Voilà la question que j'ai posée lundi à une vingtaine d'employés chinois auxquels je faisais passer un test d'évaluation en formation linguistique. Si j'ai dû poser la question en chinois, c'est que la

153

connaissance de l'anglais de la plupart des employés de l'hôtel (ils sont environ 400) est très rudimentaire.

Passe encore que leur anglais soit embryonnaire. Ça fait tout de même un choc de voir défiler devant soi des membres du personnel chinois des cuisines ou de l'entretien qui se prénomment singulièrement Pound ou Dice. Je me demande bien qui a pu affubler ces gens d'un pareil nom à coucher dehors…

Mais là où je n'ai pu m'empêcher d'éclater de rire c'est quand, à la faveur d'un examen oral, j'ai découvert qu'il y en avait même qui s'appelaient Kent, Park et même Mike. Ça n'aurait rien eu d'extraordinaire en soi s'il ne s'était agi de personnel féminin…

Plus tôt, à Beijing, je me souviens avoir croisé dans un restaurant McDonald's un jeune homme qui me tendit sa carte d'affaires sur laquelle on pouvait lire, en caractères gras, son nom en anglais : « John Wayne ». Alors que le véritable nom de ce jeune Chinois était Zhong Wei, celui-ci avait choisi de se rebaptiser « John Wayne », sans même se douter que ce nouveau nom était celui d'un célèbre homonyme.

Puis, « John Wayne » avait choisi de rayer ce nom embêtant, source de railleries ou de sourires entendus de la part de ses interlocuteurs étrangers.

À la place, il avait opté pour un nouveau patronyme qui, croyait-il, allait être moins gênant à porter.

C'est du moins ce qu'il espérait jusqu'à ce

qu'il m'écrive à la main, sur son ancienne carte d'affaires, son nouveau nom : « John Glenn »...

测 谎 器

LE DÉTECTEUR DE
MENSONGES

Au jeu qui consiste à cacher un mensonge au milieu de deux affirmations vraies, nos amis chinois, qui nous avaient conviés à un repas du soir dans leur appartement spacieux, moderne mais non chauffé, ont réussi sans mal à nous confondre, moi, mon épouse et mon fils.

Parfois leur « mensonge » n'était en fait que la modification in extremis et infime apportée à un énoncé du genre : « Mon travail consiste à importer de l'ail pour une firme de commerce international » alors qu'en fait, il s'agissait d'en exporter…

En d'autres occasions, leurs « mensonge » leur faisaient affirmer, par exemple : « Je possède un chien qui ne jappe jamais ». En vérité, il fallait deviner que le pékinois qui se dandinait à nos pieds, dans cette salle à dîner frigorifique, était le chien d'une voisine et non pas celui dont il était question dans l'énoncé de départ…

À un moment donné, notre ami chinois Jeremy (c'est ainsi qu'il se fait appeler) a affirmé avoir vu un étranger (un Noir), pour la première fois de sa vie, en 1977 – voilà donc plus de 20 ans – quand il était écolier. Jeremy ajouta même, pour rendre la chose encore plus crédible, que l'ami qui l'accompagnait ce jour-là avait eu un tel choc qu'il s'était mis à crier et à brailler...

Croyez-le ou non, c'était pourtant la vérité !

Habitués à ce jeu de maquillage de la vérité, que les dirigeants chinois ont élevé au niveau de l'art, nos amis chinois se sont toutefois avérés de grands experts dans l'art de la franche camaraderie et de la sincère amitié.

Voilà au moins des qualités qui ne mentent pas.

战

LE CONSEIL DE SÉCURITÉ

En ce vendredi 18 décembre 1998, au lendemain de la première attaque américano-britannique sur l'Irak, et au moment même où une deuxième offensive de missiles frappe Bagdad, le ciel de Zhengzhou vrombit de bruits assourdissants qui font penser à des tirs de roquettes ou d'artillerie lourde.

Quelle est la raison de ce curieux tinta-marre matinal, ici en Chine, en plein cœur de la province du Henan, alors que le champ de bataille de cette nouvelle guerre du Golfe se déroule en sol irakien ? Assistons-nous, au pays de Mao, à des exercices simulés ou à une grande répétition de l'armée chinoise en prévision d'une éventuelle réplique des forces anti-américaines faisant bloc avec la Russie et les autres nations opposées à cette initiative des États-Unis et de la Grande-Bretagne ?

Fabulation ? Peut-être. Mais, dans ce cas, quelle est la source de cette singulière péta-rade entendue ce matin dans le ciel de Zhengzhou ?

Je ne peux m'empêcher, assis à la table du conseil de direction de l'hôtel où je travaille, de faire un rapprochement avec la table de réunion des membres du Conseil de sécurité de l'ONU.

J'aime mieux ne pas penser à l'idée que quelqu'un, à New York ou à Zhengzhou, est peut-être en train d'écrire distraitement le condensé de ses réflexions sur la guerre au lieu de tenter d'y mettre fin...

演习

LA RÉPÉTITION
Quel choc !

À la fin de mon quart de travail, je suis entré machinalement dans le petit bar devant servir de local de répétition pour la chorale des employés que le patron nous a demandé de former, mon épouse et moi, en vue des célébrations de Noël à l'hôtel.

Le choc, c'était de voir, en rangs serrés et portant leur uniforme de travail, une vingtaine d'employés, des filles pour la plupart, déjà rassemblés et prêts à répéter des cantiques de Noël qui leur étaient parfaitement étrangers.

Revenu de ma surprise initiale, j'ai activé la sono et, avec des gestes et des mouvements de bras amplifiés, j'ai commencé à chantonner un air de Noël, en remplaçant les paroles liturgiques par des « la-la-la » fort inspirés.

Après deux auditions, à peine, de cette mélodie, voilà cette petite chorale improvisée en train de chanter, comme des vrais pros, la magie de Noël. Une heure d'enchantement où j'ai pu découvrir, malgré l'obstacle de la langue, que les travailleurs chinois ont assez de cœur pour former un chœur, sans gémir à tout moment.

Et quand je leur ai demandé, à la fin de cette première répétition, s'ils avaient aimé l'expérience, ils ont littéralement crié au diapason : « Dwé ! » Il aurait fallu que je sois complètement bouché pour ne pas deviner qu'ils venaient de me dire « Oui ! ».

Le soir de présentation du spectacle de Noël tant attendu arriva enfin. Dans l'énervement du moment, quand vint enfin le temps de donner le signal de départ, j'ai entamé par erreur la version anglaise du premier chant de Noël au programme... Heureusement, les choristes chinoises, que je devais pourtant diriger et auxquelles je faisais face, dos au public, ont tout de suite corrigé mon erreur et chanté en chinois, comme la chose était convenue, le couplet initial de *We wish you a Merry Christmas*. Les spectateurs n'y ont vu que du feu et en ont redemandé !

Mine de rien, cette chorale d'employées mal logées, sous-payées et parfois même carrément exploitées, m'a donné ce soir-là une belle leçon d'humilité. Au lieu de céder à la panique, à la suite de mes débuts plutôt chancelants de chef d'orchestre, elles m'ont gentiment sorti du pétrin, sans jamais perdre le sourire. Je ne suis pas près d'oublier leurs charmants minois chinois !

En complément de programme, mon épouse, mon fils et moi, nous devions également chanter, ce soir-là, dans la grande salle de l'hôtel, un air du temps des Fêtes, en français, devant un parterre de 700 invités chinois. Encore une fois, dans ma nervosité, juste avant que débute notre prestation, j'ai heurté du pied l'un des cierges laissés au plancher par une des choristes du spectacle précédent. J'ai donc malencontreusement éclaboussé mon épouse de cire chaude en faisant un pas de gigue de trop !

The « chaud » *must go on,* s'est dit mon épouse encore sous le choc de la cire brûlante, tandis que le public nous réservait, à tous les trois, une « chaleureuse » ovation...

JÉSUS ET L'OPIUM DU PEUPLE

Comme ça, il y a des Chinois qui s'intéressent au petit Jésus... C'est du moins ce qu'il m'apparaît après que des amis chinois, à mon grand étonnement, nous aient demandé, à mon épouse et à moi, de leur trouver une Bible lors de notre prochain voyage au Canada.

La demande est venue tout naturellement, au terme d'un dimanche après-midi, alors que nous parcourions les rayons de littérature étrangère d'une librairie chinoise de Zhengzhou.

Car de Bible et de Nouveau Testament, malgré le grand credo d'ouverture religieuse que répètent les dirigeants chinois à qui veut les entendre, les Chinois n'en trouvent pas beaucoup dans les librairies d'État.

Le seul fait de ne pas trouver ce type de littérature religieuse en Chine suffit-il à expliquer cet engouement que professent bon nombre de jeunes Chinois pour le culte de Jésus et la religion catholique ?

Ainsi, pour peu que l'ouverture se poursuive et que les autorités continuent de fermer les yeux sur l'importation d'ouvrages étrangers, il se pourrait bien que, d'ici peu, le christianisme et le catholicisme connaissent en Chine un essor prodigieux.

C'est Karl Marx qui doit se retourner dans sa tombe, lui qui écrivait que « la religion est l'opium du peuple ».

Et puis, pour le peuple chinois, qui a encore frais en mémoire les affres de la guerre de l'Opium (1839-1842), guerre qui a vu l'Angleterre imposer, à des fins de commerce, l'entrée de cette drogue en Chine, la Bible a sans doute quelque chose de « stupéfiant ».

*　*
*

Dans le quotidien de langue anglaise *China Daily*, les autorités chinoises affirment avoir fait imprimer et distribuer plus de 80 000 Bibles en Chine. Il doit sûrement y avoir un agent distributeur athée à Zhengzhou...

英 语 课

UNE GUERRE DE PALAIS

Vendredi soir, un ami chinois rencontré dans un train m'a invité à venir déguster un menu gastronomique français au restaurant de l'hôtel où il agit en qualité de chef.

Cet ami, qui se fait appeler Richard en anglais, a beaucoup de bagout et, trait de caractère rarissime chez un Chinois, il s'exprime avec beaucoup d'assurance. Un peu trop même, si vous voulez mon avis car, à la limite, comme on dit chez nous, il est plutôt du genre « baveux ».

Mais qu'à cela ne tienne, il est de commerce agréable et il est très gentil. En tout cas, je n'allais certainement pas refuser cette invitation à déguster pâté de foie, charcuteries et autres mets fins importés qui, évidemment, ne se trouvent pas à Zhengzhou, capitale de la populeuse et reculée province du Henan.

Mon homologue du même hôtel, un directeur de la formation comme moi, à la suggestion de Richard, avait même dépêché une voiture pour me prendre à la fin de mon quart de travail.

Je m'apprêtais à participer à ce rendez-vous gastronomique quand, une fois assis au second étage du foyer de l'hôtel, légèrement en retrait du restaurant où m'attendaient potage, grillades et autres délices concoctés par l'ami Richard, j'ai vu un groupe de jeunes Chinois réunis et assis près d'une fontaine, au rez-de-chaussée.

Ces étudiants, car c'en étaient pour la plupart, assistaient à un premier atelier de conversation anglaise organisé par l'hôtel qui m'accueillait. Ce type d'atelier, très couru en Chine, est connu sous le nom d'*English Corner*.

Je n'ai pas mis grand temps pour deviner que ma présence, ce soir-là, n'avait pas pour seul but de me faire redécouvrir les charmes de la cuisine française, mais bien de converser avec ce groupe d'invités en quête d'un interlocuteur de langue anglaise.

Car il faut bien le dire : l'anglais en Chine, c'est la porte d'entrée du monde extérieur la plus convoitée en ce moment. Tous les jeunes Chinois et Chinoises veulent désespérément apprendre l'anglais, véritable passeport pour un emploi mieux rémunéré ou pour une éventuelle demande d'immigration en Amérique.

Or, les occasions de parler anglais dans la vie quotidienne chinoise, en dehors de la capitale et des grandes métropoles, sont à peu près nulles tant la connaissance de cette langue est encore un peu partout à l'état embryonnaire.

Il fallait voir tous ces jeunes boire chacun de mes mots quand, escorté par mon collègue directeur de la formation, je suis allé m'asseoir avec eux. Pendant deux heures, ils m'ont écouté religieusement, multipliant les sourires et les signes affirmatifs de la tête.

À nouveau, comme cela nous arrive souvent en voyage, je me suis surpris à vanter les mérites de nos hivers canadiens, devant ce parterre chinois avide d'exotisme. Curieux phénomène tout de même que de choisir de chanter les louanges de nos invraisemblables tempêtes de neige, lorsqu'on s'en trouve à des milliers de kilomètres, alors qu'on se presse de les maudire quand on en est à portée de manche de pelle !

La soirée s'est ainsi achevée, les Chinois s'abreuvant de mes paroles, et moi, dégustant, après deux heures de palabres en anglais, un repas gastronomique bien mérité au terme de ce marathon oratoire, sympathique prix de consolation pour mon palais français aux dépens de la langue anglo-saxonne.

炸 薯 条

AMEN. DES FRITES.

Le repas s'annonçait pénible. Mon fils et moi, attablés au restaurant *Grace Western* de l'hôtel où nous avons vécu six mois, nous avions le goût d'autre chose que ce que proposait invariablement, jour après jour, le menu.

Assez de hamburgers et de spaghettis non inspirés. Pour une fois, nous allions nous faire vraiment plaisir et fricasser nous-mêmes un mets simple, mais combien savoureux : des patates frites maison ! Et pas en petite quantité, comme on nous les sert d'habitude ici : non, une pleine *batch,* comme on dit chez nous.

Sans perdre de temps et relevant nos manches d'apprentis cuistots, nous sommes entrés illico dans la cuisine crasseuse du restaurant pour étrangers.

Devant tant de visages chinois surpris de cette incursion, jamais le mot « étrangers » n'aura eu un sens plus entier. Oui, ce soir-là, Charles et moi avons été de parfaits étrangers dans cette cuisine encombrée d'ustensiles inusités et « parfumés » d'odeurs mélangées de suif, de saletés et de gingembre.

Vite, ordonne-t-on aux adjoints du chef,

qu'on nous apporte des pommes de terre ! Nous prenons bien soin de les laver en les passant sous le robinet. Première erreur : le conduit par lequel passe l'eau sous l'évier n'est pas raccordé à un drain... L'eau froide se déverse à grand débit sur le plancher de la cuisine ! On nous indique un autre lavabo, celui-là un peu plus fonctionnel.

Puis, commence la corvée d'épluchage. Une, deux, trois, quatre, cinq et enfin six grosses patates feront l'affaire ! Le chef chinois qui, tout à ses chaudrons, surveille la scène du coin de l'œil, demande, gêné, si nous n'en faisons pas trop.

Aux machettes et couteaux à peler qu'il nous propose pour retirer la pelure des patates, nous préférons une petite lame acérée, comme l'aurait fait ma propre mère qui, avec 15 enfants à table, en a tranché dans sa vie des patates à frire...

Les spectateurs chinois, qui sont nombreux dans cette cuisine exiguë, épient nos moindres gestes. Scandale ! Mon fils Charles, comme il en a l'habitude, se permet d'avaler une frite crue. Les Chinois font la moue, eux qui préparent pourtant sur un autre fourneau une soupe au poisson, dont on distingue la tête qui flotte à la surface.

Enfin, c'est la cuisson dans une large marmite d'huile à friture trônant sur un four à gaz. Le chef fait signe de plonger les frites dans l'huile. Je lui dis : « Pas encore », car il faut bien – et tout véritable connaisseur de frites vous le dira – attendre que l'huile soit brûlante à souhait.

Plongées dans l'huile qui a maintenant atteint sa température maximale, les frites se dandinent au fond de leur wok, un peu à la façon de vacanciers se prélassant sur une plage au soleil des Tropiques...

En fait, nous en faisons « juste assez » pour dresser une montagne, que dis-je, un Himalaya de frites dans une assiette blanche que nous plaçons bientôt au centre de notre table, en plein restaurant, à égale distance des deux dîneurs affamés et ravis que nous sommes, mon fils et moi.

Le reste se passe de commentaires. Les frites sont joyeusement et librement aspergées de sel et de ketchup. J'attaque avec ma fourchette les frites qui se livrent ainsi, dociles, en pâture tandis que mon fils opte pour une méthode éprouvée, mais plus simple : il s'empare des frites à pleines mains, savourant chacune d'elles avec un sourire béat qui lui fait adopter du coup un visage semblable à celui d'un saint qu'on s'apprête à canoniser.

Oui, ce jour-là, nous avons frôlé le Ciel. Nos frites étaient tout simplement divines. Saint Charles, priez pour nous. Délivrez-nous du mal, mais épargnez les frites. Ainsi soit-il !

头 发

À UN CHEVEU DU RIDICULE

Refait-on invariablement les mêmes erreurs que nos parents ? J'ai aujourd'hui l'âge qu'avait mon père quand, vers 45 ans, une bonne journée, il s'était mis en tête de se faire teindre les cheveux...

D'habitude hostile à toute coquetterie qui altérerait le vieillissement naturel des êtres, cette journée-là, pour une raison qui échappe à toute explication logique – et surtout dans le cas d'un être de la trempe de mon père –, il avait demandé à ma mère, entre deux quarts de travail à l'épicerie familiale, de lui « noircir » légèrement les cheveux, lui qui arborait déjà une belle tignasse argentée.

S'exécutant volontiers, ma mère lui avait alors appliqué une des teintures dont elle se servait d'ailleurs elle-même depuis déjà plusieurs années.

Contre toute attente, la teinture appliquée au cuir chevelu de mon père s'était avérée désastreuse. Au lieu du noir désiré, c'est un étrange jaune fluo que revêtit la chevelure paternelle, au grand plaisir malicieux de toute la marmaille familiale qui ne se gênait pas pour rire à gorges déployées de cette entorse malencontreuse à la vie pourtant rangée de notre père.

Comme il lui était impossible d'appliquer sur-le-champ une deuxième teinture ou un décolorant, ma mère avait suggéré à mon père de porter, au petit matin, son éternel chapeau un peu plus enfoncé que d'habitude, histoire de cacher cette crinière canari pour le moins embarrassante.

Et nous, ses 15 enfants, nous savourions la mésaventure de notre père avec délectation.

Si je raconte tout ça, maintenant que je vis en Chine et que mon père a pris le chemin de l'éternité, c'est qu'il vient de m'arriver, à plus petite échelle, une semblable mésaventure. Prenant ma douche, j'ai confondu l'autre matin ma bouteille de shampooing habituelle avec le shampooing colorant de mon épouse.

Me voilà donc le cuir chevelu teint en brunette, ce qui masque mes cheveux gris, déjà fort nombreux, même si, comme mon père, j'ai toujours vu d'un mauvais œil toute tentative artificielle de masquer le passage des ans.

Heureusement pour moi, ma coiffure a refusé de prendre une teinte moutarde, comme cela avait été le cas pour mon pauvre père. Je ne peux toutefois m'empêcher de guetter du coin de l'œil le sourire ambigu de mon fils et de mon épouse, à qui j'ai souvent pris un malin plaisir à raconter la mésaventure paternelle.

Ainsi serions-nous condamnés à répéter les

mêmes erreurs que notre père... ou notre mère.

Il est drôle que cette histoire de cheveux teints me soit survenue en Chine, pays où les hommes d'âge mûr, surtout les politiciens, ne se gênent pas pour se teindre les cheveux du même noir corbeau qui caractérise le milliard et plus de têtes chinoises qui les entourent.

C'est mon père qui, là où il se trouve, doit rire à s'en arracher les cheveux...

娼

LA FAMILLE PROXÉNÈTE

Je pensais connaître mon épouse et mon fils, partenaires de vie dans cette aventure dans l'Empire du milieu. Mais le cours des événements allait me prouver le contraire…

Nous recevions, dans notre chambre, des amis australiens, habitant eux aussi la ville de Zhengzhou, venus nous rendre une visite de courtoisie. Au téléphone, une réceptionniste de l'hôtel, dans un anglais incertain, expliquait à mon épouse qu'un client arabe, fraîchement débarqué, voulait visiter le salon de massages…

Directrice de l'exploitation et, par conséquent, responsable de la qualité des services offerts dans cet établissement quatre étoiles, mon épouse allait donc devoir s'occuper de cette affaire. Elle prit congé de nous et se rendit directement à la chambre de l'invité arabe pendant que, de mon mieux, je m'occupais de nos amis australiens.

La suite du récit appartient à mon épouse, qui m'a raconté dans le détail ce qui s'est réellement passé par la suite.

Sur le seuil de sa propre chambre, le client arabe lui a expliqué, non sans un certain embarras, qu'il voulait voir le salon de massages et les saunas... Ma femme l'y a accompagné, dans le but inavoué d'inspecter, une fois pour toutes, ces salons plutôt louches où la direction de l'hôtel ne l'avait jamais autorisée à aller.

Une fois sur place, l'Arabe, gêné, s'informe des tarifs. Les hôtesses et les masseuses, indisposées par la présence de mon épouse, ajustent nerveusement les manches de leurs robes de soie brodées. Les choses sont mal engagées. Le client fait signe qu'il préfère se retirer dans sa chambre.

De retour à la chambre du « sultan », mon épouse a déduit que ce que cherche ce monsieur, en fait, c'est une « dame de compagnie ». Car, ici en Chine, on appelle « compagnonnage » ce qu'ailleurs on nomme « prostitution »...

Comme j'ignore où en est rendue mon épouse, je demande à mon fils d'aller aux nouvelles. Entre-temps, ma femme a convoqué la responsable des *girls* de l'hôtel et lui fait part de la requête du client arabe. La responsable se dit incapable de choisir parmi la dizaine de candidates que compte son personnel. France ferme les yeux et, au jeu de « Ma p'tite vache a mal aux pattes... », son choix s'arrête sur une fille dégourdie, courtement vêtue, qui accepte de se rendre à la chambre du client arabe pour discuter du prix.

Commencent alors, dans le couloir de l'hôtel, devant la chambre du client, de loufoques négociations entre la fille et l'Arabe, elle en chinois, lui en anglais. Mon épouse, qui aperçoit notre fils à l'autre bout du passage, lui demande de servir d'interprète.

Charles, tout innocent, qui traduit de son mieux le discours agité de la fille, se tourne vers sa mère et s'écrie tout à coup, scandalisé :

— Mais maman. Cette fille-là, c'est une pute !

Voilà donc comment, ce soir-là, par un étrange concours de circonstances, ma femme, que je croyais connaître, est devenue proxénète et mon fils, entremetteur...

UN JEUDI ÉCLATANT

Une employée cadre éclate en pleurs à la réunion du matin. C'est la première fois que je vois pleurer une Chinoise. Pour une raison que j'ignore, la responsable du salon KTV, où les Chinois pratiquent le karaoke, s'est mise à pleurer abondamment après avoir fourni des explications, entre-coupées de sanglots, à ses collègues du bureau de direction de l'hôtel où je travaille.

Je n'ai évidemment rien compris puisqu'à ses réunions, tout se passe uniquement en chinois.

Pauvre fille ! Elle a l'air complètement désemparée. Tout autour de la table, aucun visage de collègues, y inclus le mien, ne semble compatir à sa peine. Elle a drôlement mal choisi son jour pour sa scène de larmes : le patron rentrait ce matin d'un voyage d'une semaine et demie, ailleurs en Asie...

Difficile donc de deviner ce pour quoi elle pleure. De l'extérieur, on dirait quelqu'un qui est à bout, qui n'en peut plus de diriger un département de divertissement où les vols et les agressions sont monnaie courante. C'est elle qui a la charge de superviser la vingtaine de mini-salons privés de karaoke de l'hôtel où les clients chinois courent se réfugier après avoir bien bu et bien mangé.

L'autre soir, dans le salon de danse voisin, lors d'un défilé de mannequins chinois, qui tient presque lieu de spectacle d'effeuilleuses, une bagarre a éclaté entre clients de l'hôtel et agents de sécurité quand un spectateur a voulu s'en prendre à un modèle. Une autre fois, c'est la petite caisse qui avait disparu.

Pas facile de travailler dans un environnement comme celui-là, surtout quand les employés et les patrons ont le moral dans les talons, qu'il n'y a presque plus d'argent dans les coffres et que la paie, très souvent, accuse plusieurs mois de retard.

À la fin de la réunion, une secrétaire qui a été témoin de la scène de larmes de sa collègue m'explique que celle-ci a été agressée et battue par des employés de la piste de danse qui, jaloux du succès des salons de karaoke, lui ont refilé quelques claques.

Le patron a promis d'intervenir. Je pose mon crayon un instant. Un bruit énorme de verre cassé vient de retentir près de mon bureau. Un employé distrait vient de fracasser accidentellement une porte vitrée qu'il croyait ouverte et qu'il a fait éclater en tentant de la traverser.

Drôle de jeudi où porte et employée se sont donné le mot pour éclater à l'unisson !

——— 酒精 ———

LES NOCES DE CANA

Les apôtres ont crié au miracle quand Jésus a changé l'eau en vin aux noces de Cana. Mais, en Chine, à l'occasion d'un banquet donné à l'occasion de la très célébrée Fête du printemps, j'ai réussi un coup presque aussi miraculeux : j'ai changé l'alcool de riz, que mes hôtes chinois me servaient à répétition, en eau, avec la complicité d'une serveuse.

Explications. Comme le veut la coutume chinoise, à la faveur du Nouvel an chinois et de la Fête du printemps, nous avons été invités, mon épouse et moi, à « arroser » copieusement cette fête en compagnie des propriétaires et des cadres de l'hôtel où nous travaillions.

Nous savions très bien que, dans de tels banquets, l'alcool coule à flots et qu'il y a très peu de façons d'éviter une complète soûlerie. De plus, refuser de boire en pareille occasion, ce serait manquer gravement de respect à nos hôtes chinois.

Nous nous préparions donc à un autre de ces lendemains de veille difficiles, avec gueule de bois et mal de cœur garantis quand, d'instinct, mon épouse et moi avons eu la même idée. L'alcool de riz étant servi dans une bouteille en verre transparent de couleur verte, nous avons discrètement demandé à la serveuse de remplacer cette eau de vie par de l'eau, tout simplement, sans en alerter les autres buveurs...

Aussitôt dit, aussitôt fait. Nous voilà donc multipliant les toasts à la ronde, à la santé de la Chine, du Canada, du Québec et de tout ce que vous voudrez.

Le plus drôle, c'est que même en avalant notre eau « miraculeuse », nous avons fait semblant de grimacer, comme nous oblige ordinairement à le faire l'alcool chinois, qui est démesurément fort. Et c'est ainsi que nos collègues de travail, le président de l'hôtel en tête, répondant à nos toasts, se sont rincé la dalle pendant deux heures avec de l'alcool à 80 %. Pendant ce temps, mon épouse et moi, avec notre Saint-Laurent frappé, cuvée 1999, nous rivalisions, en faisant coup sur coup cul sec, qui en chinois se dit *gan–bei*.

C'était, en quelque sorte, une revanche à la québécoise pour toutes ces beuveries auxquelles les Chinois nous ont conviés depuis notre arrivée. Au début, pour ne pas les froisser, nous buvions quand nous l'ordonnaient presque nos hôtes chinois. Mais pas cette fois-ci.

Étonnamment, nous étions assez à jeun pour constater qu'il y avait d'autres strata-gèmes pour éviter d'être ivres morts avant la fin du banquet.

Je remarquai que, se promenant d'une table à l'autre, de jeunes employées de l'hôtel émoussaient leurs patrons en trinquant sans cesse avec eux. Quand je décidai de boire avec elles, après les avoir bien observées un moment, elles me tendirent l'une des deux bouteilles qui se trouvaient sur un plateau. Profitant du fait que les trinqueuses avaient momentanément le dos tourné, j'ai inversé l'ordre des bouteilles.

J'avais deviné leur petit jeu. Et au lieu de boire l'eau qu'elles s'étaient réservée, elles avalèrent par mégarde l'alcool de riz qu'elles me destinaient. Prises à leur propre jeu, elles parurent momentanément désemparées, craignant que je ne les dénonce aux patrons, puis, voyant ma bonne humeur, elles se mirent à rire de bon cœur, se couvrant gauchement la bouche, comme le font souvent les Chinoises gênées.

Il fallait voir, au milieu de la soirée, les yeux vitreux et la bouche dégoulinante de ceux qui buvaient réellement, et la mine faussement éméchée de ceux et celles qui, comme mon épouse et moi, buvaient de l'eau, tout en grimaçant comme de vrais acteurs professionnels...

Personne ne s'est aperçu du subterfuge. Puis, en y regardant de plus près, j'ai noté que nous n'étions pas les seuls, ni les premiers, à avoir mis au point d'autres façons tout aussi subtiles de faire semblant d'avaler de l'alcool chinois.

Lors d'un toast particulièrement audacieux, un Chinois a même mis au défi tous les convives à sa table – ils étaient une bonne douzaine – de boire d'un trait un autre verre de *moutai*, cet alcool de riz qu'affectionnent les Chinois.

J'ai avalé mon verre d'eau translucide, qui ressemblait justement comme deux gouttes d'eau à de l'alcool de riz, mais j'ai noté que ce même Chinois, tout en défiant les autres, recrachait subrepticement son propre alcool dans son verre à la fin de chacun de ses toasts ! D'autres, à une table voisine, gardaient leur alcool en bouche avant de le relâcher discrètement dans leur bol de thé...

Mais je n'oublierai pas de sitôt ces employées chinoises qui, subissant quotidiennement la domination de leurs patrons machos, faisaient semblant de se saouler avec de l'eau, mais entraînaient leurs maîtres dans de vraies histoires de gars « chauds », savourant en silence leur secrète revanche.

Décidément, si Jésus a su épater ses apôtres en changeant l'eau en vin aux noces de Cana, que dire de ceux et celles qui, en Chine, à la Fête du printemps, changèrent l'alcool de riz en eau ?

两个中国

LES DEUX CHINES

Il fallait bien venir vivre et travailler à Zhengzhou, la capitale de la province centrale du Henan, la plus peuplée mais aussi la plus pauvre, pour découvrir que l'Empire du milieu cache en fait deux Chines : une Chine en développement qui, de Beijing à Shanghai, en passant par Guangzhou (Canton) et Tianjin, veut projeter l'image d'un pays prospère ; et une autre Chine, carrément sous-développée, où vit tout de même 75 % de la population chinoise.

Mais plus encore que notre expérience de travail dans un hôtel chinois quatre étoiles, une simple erreur de gare d'autobus, lors d'une escapade avec mon fils dans la capitale chinoise, m'aura fait réaliser la coexistence de ces deux Chines contrastantes, toutes deux dérangeantes et méconnues.

Cette journée-là, j'ai quitté Zhengzhou avec mon fils Charles à destination de Beijing, pour une excursion de quelques jours, dans un autobus luxueux offrant un confort surprenant pour qui a déjà utilisé les modes de transport ferroviaire et terrestre chinois...

L'autocar a négocié le trajet Zhengzhou-Beijing en sept heures, soit de façon plus rapide qu'en train et dans des conditions 100 fois plus idéales. Il y avait même des toilettes à bord !

Le retour à Zhengzhou, toutefois, dans un autobus délabré, résultat d'une erreur grotesque nous faisant aboutir à la mauvaise gare, allait se révéler beaucoup moins idyllique...

Au lieu de parcourir la distance inverse en sept heures, comme cela avait été le cas à l'aller, nous sommes arrivés à Zhengzhou à 6 heures du matin, au terme d'une « balade » de 14 heures, dans un autobus sale et bruyant à la manière d'un escargot se déplaçant dans un enchevêtrement de sinueuses routes de campagne.

Et c'est là que se produisit le miracle. Après avoir pesté, juré et blasphémé pendant 30 bonnes minutes après notre départ de Beijing – j'aurais juré plus longtemps si mon fils ne m'avait menacé de sauter en bas de l'autobus en marche si je n'arrêtais pas – alors que je réalisais que nous arriverions à destination deux fois plus tard que prévu, j'ai entendu et vu, des deux côtés de l'autobus qui se frayait un chemin dans la campagne chinoise, des feux d'artifice se relayant d'un village à l'autre pour souligner la Fête des lanternes, qui marque la fin du cycle de la populaire Fête du printemps.

Voilà que des feux d'artifice éclatant dans la nuit et une banale erreur de gare me révélaient une autre Chine que celle observée à la volée à partir des autocars de luxe pour touristes et des hôtels quatre étoiles. Une Chine colossalement rurale qui ne connaît pas même l'illusion de la prospérité, encore moins la frénésie et la « richesse » des grands centres urbains.

Cette Chine-là, apparemment pauvre mais qui mange à sa faim, qui voue encore un culte à Mao mais qui ignore jusqu'au nom de son actuel président, n'est pas au programme des circuits touristiques officiels, et surtout pas à celui du Parti communiste chinois.

Cette Chine invisible et pourtant gigantesque, on se prend à l'aimer en même temps que nos propres habitudes de confort nous la font prendre en pitié.

Chemin faisant, notre bus décrépit s'est arrêté, sans crier gare, sur le bord de la route. Au signal du chauffeur, tout le monde est descendu, qui aux toilettes, qui à la cantine, revenant à bord pour une pause goûter. Pas de table ? Qu'importe ? La boîte métallique rectangulaire qui sert de capote au moteur encore chaud de l'autobus fera l'affaire. Ils sont une demi-douzaine à y casser la croûte, alors que tout autour de nous, les autres passagers se préparent des soupes et des nouilles dans leur compartiment-lit encombré et crasseux. Ils ont peu, mais mangent avec appétit. Et leur maigre butin, ils s'offrent à le partager.

Les mains creusées de sillons allant dans toutes les directions, les ongles terreux terriblement longs, les yeux sémillants, ils savourent avec leurs lèvres généreuses un hachis de légumes, de viande et de riz. Et ils fument. Dieu, qu'ils fument ! Comme si, entre deux bouffées de cigarette, leur esprit s'amusait à renifler cette Chine rurale où ils sont nés, où ils mourront sans doute.

Quand je reviens enfin chez moi, à Zhengzhou, au Guangzhou Regency Hot Spring Hotel, courbaturé, exténué, rompu et passablement chamboulé, je croise dans la rue qui fait face à l'hôtel, en cette aube inap-privoisée, des dizaines de travailleurs migrants, affublés de lourds sacs et de pioches sur les épaules, venus chercher en ville une maigre pitance.

Mon fils et moi, nous rentrons à l'hôtel. Et, de la fenêtre de ma chambre climatisée, je les regarde lentement s'éloigner à l'horizon.

Chapitre 5

Ailleurs en Chine

Chemin faisant

苏 州 郡 主

LE SEIGNEUR DE SUZHOU

Il était là, à portée d'objectif de mon appareil photo. Avec son allure débraillée, il me tournait le dos, en cet après-midi fuyant, à Suzhou, en bordure de l'ancien canal impérial.

Je le vis, avec des airs de grand seigneur, ouvrir son pantalon et pisser, le plus naturellement du monde, sur un muret de briques perpendiculaire au canal charriant une eau verdâtre.

Le roi des guenilloux de Suzhou libérait sa vessie pendant que, mi-amusé mi-gêné, j'hésitais à prendre cette scène en photo. Pourtant, cela promettait de donner un cliché exotique : un miséreux chinois sur fond de lagune et jour en déclin...

Assis sur une marche en ciment, j'ai choisi d'ignorer l'homme, par respect plus que par pudeur, contemplant plutôt des péniches à moteur toussotant sur l'étang putride.

Après avoir pissé tout son saoul, le vagabond a longuement ajusté ses haillons, puis s'est avancé vers moi, avec son baluchon et sa tasse de thé en grès blanc. Fixant étrangement ma canette de Pepsi à moitié vide, il a mimé le geste de boire en portant sa main à ses lèvres. Je lui ai tendu la boisson, heureux de pouvoir épancher sa soif, mais soulagé aussi de ne pas avoir à lui faire l'aumône ou à faire face à un voleur.

Après avoir avalé une gorgée, l'homme m'a regardé droit dans les yeux, sondant jusqu'à mon âme, tout ça, sans prononcer un seul mot, le langage devenant tout à coup inutile. Puis, pointant du doigt mon appareil photo, il s'est placé en plein devant l'objectif, prenant sa plus belle pose, en vrai professionnel du gros plan. J'ai pris la photo. Il a souri.

Et pendant qu'il sortait du décor comme il y était entré, avec grâce et simplicité, je restai là, sans bruit, à admirer ce drôle de Confucius dans son accoutrement, grand seigneur de Suzhou, au pays de la soie.

迷 失 长 城

PERDU À LA GRANDE MURAILLE

Se perdre à la Grande Muraille, à sa première visite, avouez que c'est assez embêtant. Voilà pourtant ce qui m'est arrivé.

Après avoir été pris en chasse à ma descente d'autocar par un vendeur insistant qui me proposait des souvenirs, j'ai perdu de vue le groupe de visiteurs qui m'accompagnaient.

Avant de m'apercevoir de cet égarement de taille, j'avais tout de même eu le temps de prendre quelques photos et d'apprécier ce serpent de pierres de 6 000 km de long, dont la majeure partie fut construite par la dynastie des Ming au XIVe siècle.

J'ai seulement compris ma méprise quand mon vendeur de médailles m'a montré le chemin en descente menant à l'autocar qui m'avait conduit à Jin Shan Lin, à environ 180 kilomètres au nord de Beijing. Il y avait bien un autocar de touristes, mais ce n'était pas le mien !

Pendant un moment, qui me parut aussi long que la Grande Muraille, j'ai hésité entre me rouler par terre en signe de panique, crier de rage en guise de dépit ou vendre l'attirail de souvenirs achetés en cours de visite pour trouver l'argent nécessaire et rentrer au plus vite à Beijing en taxi !

Désemparé, mon jeune guide-vendeur offrit même de me racheter la casquette de l'Armée populaire de libération qu'il m'avait vendue plus tôt à prix fort.

Au bout d'une bonne vingtaine de minutes de marche le long de falaises et de sentiers étroits, j'ai finalement vu mon autobus à flanc de colline. Soulagé, mon guide se confondit en excuses et disparut.

J'ai pris place, silencieux, haletant, dans l'autocar climatisé, contemplant cette Grande Muraille que l'on peut voir, dit-on, de la Lune, mais qu'un lunatique comme moi a réussi à perdre de vue sur la Terre.

沙 漠 植 树

PLANTER DES ARBRES
DANS LE DÉSERT MONGOL

On m'avait pourtant dit qu'il ferait chaud et qu'il valait mieux m'habiller légèrement en ce début de printemps.

Ça m'apprendra à être aussi docile et à écouter tout un chacun ! J'ai gelé comme des cretons, surtout à la tombée du jour quand, avec des environnementalistes chinois et étrangers, nous avons été invités à assister aux spectacles en plein air (!) présentés par des artistes de la Mongolie intérieure.

Que faisions-nous en cette lointaine province chinoise qui sert de bavette à la vraie Mongolie ? Tout simplement, nous étions venus planter des arbres dans le désert de la Mongolie intérieure, un week-end où, pour échapper à l'étouffante capitale chinoise que peut être Beijing, nous avons accepté l'invitation d'un groupe d'écologistes chinois.

Planter des arbres dans le désert mongol ? Pourquoi pas. Nous avons donc accepté l'invitation, mon fils, mon épouse et moi, et accompagnés d'une amie chinoise de Beijing, nous nous sommes rendus à bord d'un train de dernière classe jusqu'à destination.

Il fallait voir, précédant les jeeps des cadres du Parti qui nous ont ensuite escortés jusqu'au cœur du désert, tous ces chevaux nerveux et racés, courts sur pattes mais musclés, à l'image de leurs cavaliers, se déplacer à grands coups de sabots dans les dunes.

Notre amie chinoise qui, de sa vie, ne s'était guère aventurée plus loin que Beijing, roulait de grands yeux devant un paysage aussi inhabituel. La température, en plein après-midi, était encore supportable, malgré un vent indolent qui nous lançait au visage un sable plus fin que du sel iodé.

Avec nos seaux d'eau et nos pelles, nous avions belle allure ! Un photographe a même croqué sur pellicule notre petite famille en train de planter un arbrisseau chétif au fond d'un trou rudimentaire aménagé hâtivement. Le lendemain, la photo faisait la une d'un quotidien chinois ! Des étrangers qui se portent à la défense de la Chine et qui joignent leurs efforts pour contrer les méfaits de la désertification, cela vaut bien une photo.

Je ne sais pas ce qu'il est advenu des jeunes arbres personnalisés à notre nom que nous avons plantés ce jour-là dans le désert de la Mongolie intérieure. Mais je ne suis pas prêt d'oublier comme il peut faire froid dans un désert, le soir venu, dans un décor qui ne nous est pas familier, et comme il est facile de trembler à l'idée de n'être que des poussières d'étoiles échouées sur le sable du désert.

荣 耀

MON HEURE DE GLOIRE AU CINÉMA CHINOIS

Je ne pensais jamais qu'en allant visiter un gigantesque barrage hydroélectrique, aménagé à l'embouchure de la dernière gorge du fleuve Jaune, j'allais m'aventurer sur la voie d'une « carrière » dans le cinéma.

— Kai Shi ! me hurlait le cinéaste chinois, avant que quelqu'un s'avise de me dire que cet ordre voulait simplement dire « Action ! ».

Bien sûr, il ne s'agissait pas d'un grand rôle, et je ne suis pas sûr que Jean Gabin ou Humphrey Bogart y aurait trouvé de l'intérêt, mais pour moi, cela était suffisant. Sans compter que mes quelques répliques, dites en français et apprises sur-le-champ, allaient être diffusées plus tard dans toute la Chine, sur les ondes de la télévision nationale, à l'occasion du 50e anniversaire de la fondation de la République populaire de Chine.

Mais résumons les faits. J'allais donc, à l'invitation d'un ami canadien, lui-même retenu comme acteur dans la même production, visiter le site d'un immense barrage construit par des équipes allemande, italienne et française sur le fleuve Jaune, à Xiao Langdi, à 40 kilomètres au nord de la ville de Luoyang. Les autorités chinoises accusant certains de leurs partenaires étrangers d'avoir mal fait leur travail, des poursuites judiciaires et des requêtes en dédommagement avaient été entamées.

C'est dans ce contexte explosif qu'un producteur chinois, sans doute « encouragé » par le gouvernement central, a eu l'idée de réaliser un projet de long métrage à partir du site même du chantier. Seule différence notable dans le scénario par rapport à la réalité, cette fois, les ingénieurs allemands, jusque-là les plus en cause dans cet imbroglio judiciaire, ont le beau rôle. Le scénario du film les présente comme des sauveurs, eux qui, avec l'appui d'ingénieurs canadiens, ont érigé « ce monument à la gloire du génie ouvrier que constitue le barrage de Xiao Langdi ». Voilà pour la propagande et pour le propos du film.

Je m'étais donc mis en frais de visiter les lieux quand, à court d'acteurs pour tenir des rôles d'ingénieurs étrangers, le producteur Zhang Shi Fa m'a invité sur le plateau de tournage pour que j'incarne le rôle d'un consultant d'une société québécoise d'ingénierie siégeant au conseil d'administration du constructeur allemand lié au projet de barrage.

Comment refuser une telle offre ? Le Destin avait tranché. Ma carrière d'acteur serait longue comme la Grande Muraille de Chine. Et qui sait ? Peut-être me conduirait-elle à Hollywood !

Plus tôt, une autre occasion de faire du cinéma s'était présentée à moi. Par un beau dimanche matin, je me suis retrouvé avec une dizaine d'aspirants acteurs étrangers en train d'auditionner pour le rôle du lieutenant-colonel américain Evans Carlson, dans une production cinématographique chinoise évoquant un épisode de la guerre sino-japonaise.

Comme j'étais le dernier étranger du groupe à passer l'audition, j'eus amplement le temps de voir, sur un moniteur placé bien en vue dans la chambre où j'attendais mon heure de gloire, s'exécuter mes concurrents qui, à la demande du réalisateur, multipliaient les grimaces pour arracher le rôle.

Quand vint mon tour, je simulai une colère bleue et fis dire à mon personnage une litanie de jurons et de mots grossiers, le tout débité dans un anglais cinglant mais approximatif, ce qui ne manqua pas de soulever l'enthousiasme sur le plateau. J'ai même eu droit, pour ce petit numéro, à une ovation des techniciens chinois !

Malheureusement, même si je décrochai le rôle du militaire américain, je n'ai jamais pu l'incarner puisque mon employeur en Chine, l'agence de presse Xinhua, refusa de me libérer pour les besoins du film qui nécessitait deux mois de tournage et de nombreux déplacements en Chine et en Europe. Quel grand artiste le monde venait de perdre !

Quant au documentaire sur le barrage hydroélectrique de Xiao Langdi, je n'ai jamais pu le visionner puisque je n'étais plus en Chine quand il a été présenté à la télévision centrale chinoise en octobre 1999.

Pour ce qui est de ma « carrière » d'acteur, elle a pris fin quand je suis rentré au Canada.

Mais dans le fond de mon cœur, à défaut de l'y trouver dans mon curriculum vitæ, j'ai inscrit, à jamais, cette singulière mention : « acteur québécois ayant tourné dans une production chinoise nationale ».

Et la nuit, je l'avoue, quand mes songes m'entraînent sur les rives nostalgiques de ma très éphémère carrière d'acteur, il m'arrive parfois d'entendre le son d'un clap de cinéma et la voix d'un réalisateur chinois qui hurle, du fond du studio :

— Kai Shi !

西安

LE PAYSAN DE TERRA-COTTA

Vertigineux. Aucun autre qualificatif ne résume mieux le spectacle de ces 7 000 soldats en terre cuite enfouis depuis 2 000 ans et déterrés par hasard en 1974 par un paysan creusant un puits dans un village près de la ville historique de Xi'an.

Le plus intéressant dans toute cette affaire, c'est le fait que la Chine, qui peut se vanter de posséder une histoire cinq fois millénaire, ait pu ignorer pendant tant d'années un pan aussi riche de son passé.

Ils sont là tous ces guerriers de terre cuite, certains décapités, d'autres amputés d'une main ou d'une hanche, figés dans leur posture éternelle, se braquant fièrement contre le passage des ans et le regard admiratif de milliers de visiteurs qui affluent chaque année.

Au kiosque à souvenirs, où les brocanteurs de toutes sortes se font un devoir de vous offrir à prix fort la moindre statuette de guerrier, j'ai même serré la main au paysan qui a participé, bien involontairement, à cette importante découverte archéologique du XXe siècle.

L'homme, à la peau creusée de sillons semblables à ceux que font sans doute les charrues de son terrain de labour, n'avait pas l'air lui-même de bien saisir l'importance de sa découverte, entre deux séances de photos pour les touristes.

Ce n'est finalement que lors d'une autre visite en ces mêmes lieux, quelques semaines plus tard, que j'ai compris mon erreur. Ce n'est pas tant la découverte qui importe, mais le découvreur. En y regardant de plus près, j'ai constaté que l'homme à qui l'on attribuait cette fois la découverte des guerriers en terre cuite n'était pas le même que celui avec qui je m'étais fait photographier lors de ma visite précédente...

Au rayon des attrape-nigauds, les Chinois ont plus d'un soldat en terre cuite dans leur sac...

活 得 更 久

LE P'TIT QUÉBEC AU PAYS DE LA LONGÉVITÉ

Une vraie scène de poursuite automobile dans un film américain !

Le taxi dans lequel nous avions pris place, mon épouse, ma sœur et moi, s'est brusquement arrêté, sur notre ordre, devant un car de touristes immobilisé à l'entrée d'une route de campagne de la province du Hebei, à Baoding plus précisément, capitale de la longévité en Chine.

Dans le temps de le dire, mon épouse a sauté du taxi, dont les pneus venaient de soulever un nuage de poussière jaunâtre, et s'est dirigée vers l'autobus où elle a pénétré en s'écriant, dans son plus bel accent de la région des Bois-Francs :

— Y a-t-i' des Québécois icitte ?

Un « oui » puissant et collectif a retenti dans l'autobus. Pendant ce temps, ma sœur et moi avons payé le chauffeur du taxi et pris congé de lui, puis nous sommes montés rejoindre ma femme à bord de l'autobus où nous attendaient, éberlués, une trentaine de touristes de la région de Québec venus en

Chine par l'entremise de l'agence de voyages CAA Québec et du Salon des aînés de Québec.

Les voyageurs québécois, complètement médusés, se demandaient si cette rencontre inopinée d'autres Québécois en pleine campagne chinoise faisait partie du programme officiel de la visite. L'organisatrice et conseillère en voyages, Françoise Dionne, elle-même tout aussi étonnée, a insisté pour dire que cette rencontre était tout à fait accidentelle.

Tout ce temps, le guide-interprète à bord de l'autobus, un Chinois authentique qui se fait appeler Antoine, ne comprenait rien à ce drôle d'abordage et roulait des yeux incrédules.

Nous voilà donc à peine installés dans l'autobus climatisé que débute une véritable conférence de presse improvisée. Les questions fusent de toute part. Nous tentons tant bien que mal d'y répondre dans l'autobus en marche.

— Depuis combien de temps vivez-vous en Chine ?

— Qu'est-ce que vous faites à Baoding ?

— Est-ce bien vous le couple de Québec, qui vit en Chine avec un fils adolescent, dont on a lu les aventures dans le journal *Le Soleil* ?

Malgré le tumulte, l'organisatrice a reconnu ma sœur Nicole, venue en Chine visiter son frérot par ses propres moyens, mais qui avait d'abord songé à faire partie de ce voyage de groupe. Accolades, embrassades, poignées de main se multiplient dans l'autocar qui poursuit sa route jusqu'au tombeau de l'Empereur de la dynastie des Han de l'Ouest et à la grotte où repose son célèbre linceul de jade cousu de fil d'or.

Les visiteurs continuent leur interrogatoire en règle. Jacques Poitras, 67 ans, de Québec, demande :

— Monsieur Clavet, vous qui avez travaillé à l'agence de presse Chine nouvelle, est-ce bien vrai que l'information est complètement contrôlée en Chine ?

Je veux répondre, mais déjà, une autre question, surgie des banquettes arrière de l'autobus, m'en empêche :

— Comment avez-vous deviné que nous étions des Québécois à bord de cet autobus de touristes ?

Là, enfin, la vérité éclate au grand jour. Comme dans un scénario de film, nous avons un peu forcé le hasard. Ma sœur, qui avait gardé l'itinéraire détaillé du circuit touristique que l'agence lui avait proposé, a tout simplement supposé que les visiteurs de Québec, une semaine après leur arrivée en Chine, devaient être rendus à l'étape prévue de la visite à Baoding, une ville réputée pour la longévité de ses habitants.

Aussitôt dit, aussitôt fait. De Beijing, nous décidons de nous rendre en train à Baoding, à quatre heures environ de la capitale chinoise. Une fois rendus là, nous descendons à l'hôtel où doivent s'arrêter les visiteurs québécois. Pas de chance, ils n'y sont pas. Nous apprendrons plus tard qu'ils y étaient plus tôt, mais qu'ils ont opté pour un meilleur hôtel.

Le tout pour le tout, nous décidons de prendre un taxi et de nous rendre tout de même au tombeau de l'Empereur des Han de l'Ouest, à environ une heure de Baoding, sans trop nous faire d'illusions : retrouver des Québécois en pleine campagne chinoise, c'est un peu comme vouloir trouver une aiguille dans une botte de foin... C'est pourtant ce qui s'est produit ce jour-là.

— Tu parles d'un adon ! s'étonne encore Denise Deslauriers, 63 ans, une « jeune » retraitée qui, comme ses compagnons et compagnes de voyages, semble avoir rajeuni depuis qu'elle se trouve à Baoding, ville où on dénombre le plus grand nombre de centenaires en Chine.

L'espérance de vie à Baoding dépasse de sept ans la durée de vie moyenne en Chine, qui est d'environ 70 ans. Justement, le lendemain de leur arrivée, les touristes québécois participent au Festival international des aînés de Baoding, là où des milliers de gaillards chinois de plus de 75 ans présentent, aux matines sonnantes, un spectacle saisissant de *Tai Chi* et de *Qi Gong*, où alternent séances d'assouplissements et démonstrations de dextérité avec des boules d'exercice chinoises.

Au milieu de toute cette belle jeunesse, nos aînés québécois reprennent de la vigueur. Thérèse Harrison, de Matane, se surprend à faire voler une toupie chinoise en équilibre sur un fil de soie ; Jean-Paul et Agathe Lavoie, de Beaupré, regardent avec admiration un Chinois d'âge mûr tenir et faire pivoter 45 boules d'exercice !

Michel Bélanger, 65 ans, un électricien à la retraite de Lévis, sent bien que le « courant » passe entre lui, ses compagnons de voyage et les aînés chinois. Mais il se demande ce qui peut bien les conserver en aussi bonne forme : les arts martiaux ou les plantes médicinales qu'on trouve en quantité à Baoding ?

Tout près, Jacqueline Caron, de Sainte-Foy, et Jeannine Lacasse, de Cap-Rouge, bavardent en compagnie de Thérèse Aubin et de Lorraine Falardeau, toutes deux de Sainte-Foy. Jamais, de mémoire de femmes, elles n'ont utilisé autant de points d'exclamation dans leurs conversations !

En deux semaines, ces touristes québécois auront visité certains des sites les plus courus d'Orient : à Shanghai, ils se sont promenés sur la très achalandée rue de Nankin ; à Beijing, ils seront passés de surprise en émerveillement à la Cité interdite et au Temple du Ciel ; à Xi'an, ils se seront émus devant les milliers de statues de guerriers et de chevaux en terre cuite enfouies pendant deux mille ans et déterrées accidentellement en 1974 ; enfin, à Guilin et Canton, les paysages bucoliques les auront fait rêver...

Plus loin, Françoise Carignan, 72 ans, de Montmagny, traverse un parc à la végétation luxuriante, philosophant à voix haute :

— Et dire que j'ai attendu autant d'années avant de me décider à venir en Chine !

Puis, le petit groupe reprend la route, quittant Baoding, gentil havre de jouvence au cœur de la campagne chinoise.

双 湖 记

CONTE DES DEUX LACS

C'est une drôle d'histoire que cette légende chinoise de deux politiciens rivaux qui, du temps de la dynastie des Song, voilà plus de mille ans, donnèrent leur nom à deux lacs.

Ces deux lacs, on les retrouve encore aujourd'hui à l'entrée d'un temple de la ville de Kaifeng, à l'est de Zhengzhou, dans la province du Henan.

À l'origine, nous a expliqué une interprète chinoise, le lac Yang, qui signifie bon, représentait le bon politicien. Ses eaux étaient cristallines. Quant au lac Pan, qui veut dire mauvais, il incarnait le politicien retors. Il était donc pollué.

Mais aujourd'hui, alors que beaucoup d'eau a coulé sous les ponts de Kaifeng au fil des siècles, les deux lacs sont aussi limpides l'un que l'autre.

Morale de l'histoire ?

« Tous les politiciens, bons ou mauvais, finissent par se ressembler », conclut notre guide chinoise, qui se mit à rire de cette vérité universelle.

承 德

LE TRAIN POUR CHENGDE

J'aurais pu prendre un autre train. Mais j'ai pris le train Beijing-Chengde. Comme ça. Par hasard et aussi par esprit de contradiction parce que beaucoup de gens me proposaient plutôt de me rendre à Dalian ou Tianjin, deux itinéraires qu'empruntent davantage les touristes.

« Mais Chengde, en automne, ça ne vaut pas le déplacement », m'ont prévenu plusieurs personnes qui trouvaient mon projet insensé. Leur insistance, qui aurait dû m'ouvrir les yeux, au contraire me les bouchait. Ce qui, au départ, se voulait être un voyage d'évasion, pour échapper à la morosité de Beijing, devenait tout à coup un pari personnel contre le conformisme des gens. J'allais bientôt déchanter.

Me voici donc à bord du train Y-225 pour Chengde, une verrue sur la carte chinoise située à environ 250 kilomètres au nord-est de Beijing, dans la province du Hebei.

J'opte pour une banquette molle, par opposition aux sièges durs que la société des chemins de fer chinois propose à sa clientèle. Comme le trajet doit prendre cinq heures, je me dis qu'un peu de confort ne fera pas de tort à un gars comme moi qui s'offre, pour la première fois depuis son arrivée en Chine, ses premières vacances solo à l'extérieur de la capitale.

À bord, les passagers chinois ressemblent à tous les passagers de train du monde entier, à la différence que sitôt assis, ils se raclent bruyamment la gorge ou hurlent des instructions dans leur inséparable téléphone cellulaire. Attention. Nous sommes en classe affaires, si je puis dire, puisque je n'ai pas choisi les banquettes dures, comme sont contraints de le faire la grande majorité des passagers chinois.

Le train vient de se mettre en route. Quittant la gare de Beijing, il prend la direction opposée à celle que j'avais prévue. Tout autour, des cheminots se mettent à douze pour soulever un peu de ballast ou un simple rail. Typiquement chinois !

Par la fenêtre du train en marche, Beijing apparaît dans toute sa laideur. Un canal dont l'eau couleur antigel donne mal au cœur traverse la ville.

Le temps est maussade. Mon café, que j'avais pris soin d'apporter dans un thermos, est tiède. L'homme au cellulaire, mon voisin, « attaque » un deuxième appel depuis le départ du train. À raison d'une communication téléphonique toutes les cinq minutes, le trajet risque de s'avérer long et sa voix, passablement énervante.

Par la fenêtre, je vois de drôles de fruits orangés qui pendent aux branches maigrichonnes de pauvres arbres. Toujours dehors, de vieux employés de train jouent les sémaphores et suivent des yeux le train qui quitte la ville dans un mouvement ondulatoire qui me plaît. Dieu que le paysage est laid ! Pourquoi faut-il que les sorties et les entrées de gares, dans toutes les villes du monde, soient toujours situées dans des coins aussi réfractaires à la beauté ? Pourquoi ces arrière-cours négligées, ces hautes herbes jaunies, réparties de façon inéquitable ?

Il est encore tôt. 7 h 50. Le ciel auquel on a agrafé un couvre-lit de nuages me dit que le soleil ne sera pas du voyage.

À trente minutes de Beijing, déjà, la nature, heureusement, reprend ses droits. De grands champs s'allongent à perte de vue ; des troupeaux de moutons s'émoustillent dans ce matin frisquet sous l'œil indifférent d'un pâtre chinois. Sur le toit des cabanes qui se hérissent à mesure qu'on pénètre dans la campagne, de gros choux chinois s'entassent pêle-mêle en attendant l'hiver.

Des tourniquets d'arrosoirs abreuvent les champs verts azotés que survolent de grosses pies curieuses à large queue blanche.

Le soleil se décide enfin à secouer son édredon de stratus et à ouvrir un œil amusé. Haut perchés au faîte des peupliers dépouillés de leurs feuilles, les nids d'oiseaux s'animent.

L'homme au cellulaire, à côté, savoure bruyamment, comme le font d'ordinaire les Chinois, une soupe apparemment fort épicée.

Première halte, peut-être, puisque le train ralentit. « Huai Rou », indique un écriteau qui se dresse juste au moment où apparaissent au loin de curieuses montagnes et que se figent devant mon hublot de pleins wagons de charbon. Nous sommes bel et bien arrêtés.

* *
*

Un mot sur ce que j'écrivais plus tôt. Sur la « laideur » des entrées et sorties de gares. D'abord, qui suis-je pour discuter de ce qui est beau ? Moi aussi j'emploie des mots qui peuvent être laids. Tout à l'heure, par exemple, je parlais de « tourniquets d'arrosoirs ». « Gicleurs à eau » aurait été plus juste. Et les « nids d'oiseaux au faîte des arbres ». De quel genre d'oiseaux s'agissait-il ? De pies, de corbeaux, d'étourneaux ? Quand on écrit de façon aussi approximative, on devrait se garder de traiter de la laideur des choses...

* *
*

Et ce paysan aperçu aux commandes d'un tracteur qui fume. Qui fume exactement ? Et si c'étaient l'un et l'autre, l'homme et la machine ? Eh bien justement ! Les deux fumaient. Mais qui se soucie de la santé des tracteurs ?

* *
*

Là, par exemple, le paysage vient de changer. Mules, vaches et juments se détachent au fond des cours. Les montagnes aux formes arrondies entrent presque par la fenêtre du train, du côté de l'homme au cellulaire qui dort. Encore là, les deux dorment...

* *
*

Jaunâtre. Le décor à flanc de monts et collines aux courbes arrondies est uniformément jaunâtre dans cette campagne chinoise de fin d'automne. Les rochers déchirés qui laissent passer le train trahissent leur grand âge. Les cadavres de tiges de maïs brûlées jonchent le sol desséché. Des arbres déchaînés dévisagent bravement le ciel tandis que des échancrures de montagnes cachent des vallons rêvassant au soleil.

* *
*

Un long tunnel : c'est le temps d'un autre petit rappel sur la beauté des mots. Parfois, certains lecteurs se pâment pour quelque alignement de mots jaillis d'un stylo furtif. Cela peut se produire, mais disons-le, souvent il s'agit d'une erreur de parcours, d'une éclaircie accidentelle créée par l'approximation de l'écriture. La mienne, en tout cas. Enfin. Nous voilà sortis du tunnel. Mais le train vient de s'arrêter à nouveau.

* *
*

Le train Beijing-Chengde, ce n'est pas l'*Orient Express*. Mais j'essaie d'imaginer quel suspense Agatha Christie aurait pu écrire si, au lieu d'emprunter l'*Orient*

Express, elle avait, comme moi, choisi le *Beijing-Chengde Express...* Non, décidément, ça ne sonne pas assez fantastique.

En tout cas, s'il fallait choisir le cadre d'un meurtre pour un roman policier, je suivrais tout de suite une première piste : qui avait intérêt à tuer ce pauvre passager chinois qui se raclait encore la gorge, entre deux lapées de soupe, avant de mourir ? Deux suspects : l'homme au cellulaire, qui s'est réveillé, ou ce Canadien non rasé qui s'amuse à écrire des histoires de tracteur et d'homme qui fument...

* *
*

De la ville charbonnière que nous venons de traverser, je dirai peu de choses. De jaune, le décor est passé au noir. Comme la misère.

* *
*

Petits bouts de foin entraperçus du train en marche, embellis par le soleil qui les révèle ; montagnes biscornues aux mamelons incorrigibles ; canards, tout en bas d'une falaise, qui grouillent dans l'étang et qui cohabitent, blancs et bruns, sans lire les journaux.

* *
*

À propos des canards de tout à l'heure. Ils auraient peut-être intérêt à lire les journaux – même les « canards » – car ils y liraient que bientôt on les laquera. Mais pour un canard de campagne chinois, ce n'est pas un si vilain sort que de se retrouver laqué, au menu d'un grand restaurant de Beijing...

* *
*

Croquis d'une main de femme à bord du train. Phalanges abruptes comme les monts que nous traversons. Passages noueux autour des articulations. Ongles sans vernis, taillés fins ; bracelet couleur jade sur poignet impatient ; veste de cuir noire sur pull rouge (mais attention, je m'éloigne de la main). Il faudra attendre pour y voir plus clair car nous entrons à l'instant dans un tunnel.

* *
*

À peine posé le pied à la gare de Chengde, je suis pris en chasse par des rabatteurs chinois qui veulent me conduire à l'hôtel. Dépliants en main, ils proposent un hôtel bon marché dont ils obtiendront une commission. Ils offrent gratuitement le bus qui y mène.

Je me laisse faire. Mais l'hôtel où j'échoue ne me convient pas. Je décide de marcher dans la ville pour me dénicher moi-même un endroit où passer la nuit. Je trouve un endroit convenable après 20 minutes de marche. Rien de luxueux, mais tout de même assez fonctionnel. Ils ont l'eau chaude, mais pas le savon. Le chauffage semble fonction- ner.

Ce n'est que le début de l'après-midi. Je remplis la fiche d'inscription, règle ma note et monte à ma chambre porter mes bagages. Une fois le tout complété, je pars à la découverte de Chengde. Il fait beau, mais le temps est frais. Je suis habillé comme il faut. Je me rends jusqu'au pied de ce qui me semble un temple. Je n'y entre pas.

Je traîne ici et là dans la ville. Je m'arrête enfin dans un restaurant où le menu me semble compréhensible. Coup de veine : les mets sont même indiqués en anglais ! Mais je n'ai pas encore vraiment faim. J'entre tout de même. C'est un prétexte pour rencontrer les gens de l'endroit et entamer la conversation.

À ce moment précis, je réalise que je suis parti à l'aventure, loin de la capitale chinoise, sans même me douter que j'allais devoir affronter l'obstacle de la langue. Qu'à cela ne tienne ! Une serveuse à l'anglais peu assuré me tient lieu d'interprète. Elle me demande de lui faire répéter à voix haute les menus rédigés en anglais qui sont placardés sur l'un des murs du restaurant. Les autres serveuses rappliquent bientôt. Elles sont maintenant quatre ou cinq autour de ma table.

À l'exception d'un groupe de dîneurs qui mangent dans un salon privé, je suis le seul client de l'endroit. Le manger est mauvais, la bière bonne, la discussion laborieuse. Un homme qui épiait mes gestes depuis un moment se lève et me tend la main. Il marmonne quelque chose, dont le sens m'échappe, puis repart en riant, prenant soin de me laisser un bout de papier sur lequel il a griffonné son nom.

Je demande l'addition, paie et quitte cet

endroit surréaliste. Je marche encore un long moment puis, je rentre à l'hôtel où je dors une heure, tout au plus.

Après un bain rapide, je m'étends un peu sur mon lit. Je regarde la télé chinoise. Rien d'intéressant. Je m'habille et sors. La ville bouge. Les vendeurs crient ; les autobus et les taxis larguent leur clientèle ; les odeurs de braise dominent, mêlées aux relents d'urine, de suie et d'épices confondus.

Je traverse la ville dans le sens opposé au chemin pris plus tôt à mon arrivée. Il fait plus cru. Mon visage non rasé semble surprendre les passants. Je laisse fabuler ce tas de Chinois imberbes.

Il fait noir déjà. Les néons s'allument et s'éteignent de façon désordonnée, comme s'ils éternuaient leur halo en parfaite asymétrie.

J'ai un peu faim. Je cherche un resto sympa, en choisis un qui, finalement, se révèle ne pas l'être. Je commande. Avec un dictionnaire de poche français-chinois, le choix est limité. À côté, les dîneurs des autres tables rient, s'amusent et dégustent. Je m'emmerde à ma table. Le premier plat – du bœuf, me dit-on, mais j'en doute – est trop épicé. Le second est peu inspiré et le troisième, j'y touche à peine. Vite, la facture, que je parte d'ici.

Un tour de ville encore et je rentre à l'hôtel. Demain, je verrai si je reste une journée de plus. Peu probable.

* *
*

La nuit s'est bien passée. Vers 23 h 00, après avoir demandé à la réception de l'hôtel d'activer le système de chauffage, je peux enfin dormir au chaud. Tôt le matin, je quitte cet hôtel qui ne me plaît pas, mes valises en main.

Dehors, il fait froid. Je ris de voir, sur son vélopousse, un paysan affublé d'un drôle de bandeau de laine qu'il porte à son menton et qui est retenu par ses oreilles qu'il recouvre complètement. Drôle de vision matinale que ce lapin masqué !

Sans gants, mes mains ont vite fait de prendre froid. Je gèle. Je marche trente minutes environ. Je hèle un taxi qui me conduit à la gare. Je ne sais plus très bien où je vais, ni ce que je fais. À la gare, personne ne semble comprendre quand je dis que je veux rentrer par le train de Beijing.

Fatigué, gelé et l'estomac dans les talons, je repars à pied en direction de la ville. Je cherche un hôtel. J'en trouve un, à cinq minutes à pied de la gare : le *Hui Long Hotel*. J'obtiens sans négocier une chambre pour 240 yuans. Une bonne affaire comparée à l'hôtel médiocre où je viens de passer la nuit et où, pour un confort nettement moindre, j'ai dû payer à peu près la même somme.

J'ai soif d'un café. Trop tard. On a fini de servir le petit-déjeuner. Je demande avec insistance un café. Je l'obtiens, avec en prime, deux œufs durs que le serveur, complice, avait enfouis dans la poche de son uniforme au moment de desservir le buffet. J'avale goulûment les œufs en même temps que le café. 15 yuans. Je me sens revivre. Je vais rester un jour de plus à Chengde.

*   *
*

Première balade hors de l'hôtel, en ce jeudi matin, vers 9 h 30. Je comprends maintenant pourquoi une odeur persistante de charbon enveloppe toute la ville. Chengde est un centre industriel qui produit du charbon. Une mine à ciel ouvert que j'aperçois plus tard par la fenêtre de l'hôtel m'en donne la preuve.

Dans la rue, des charbonniers en rang exhibent leur stock dans leur triporteur lourdement chargé. Les cyclistes se rendent au travail. Je vois maintenant d'autres gens affublés du même demi-masque de lainage aperçu plus tôt, qui couvre oreilles, bouche et menton. Ça leur donne un drôle d'air, aux Chinois de Chengde, ce petit bout de laine qui leur décolle les oreilles...

Une petite randonnée me conduit ensuite au marché. J'achète des gants de cuir pour à peine 5 yuans (moins d'un dollar). Le vendeur m'en demandait 20 ! Un autre me vend une espèce de galette chaude farcie de pâte d'amande ou de dattes... Visiblement, je suis le seul Occidental dans la ville. Aussi bien dire le seul extraterrestre en vue ! Objet de curiosité et d'arnaques ! Ouvrons l'œil.

Je trouve enfin un de ces fameux cache-oreilles de laine. Le marchand, aveugle, ne peut pas me rouler : je lui donne un yuan pour le bandeau. La pitié m'interdit de lui verser à la place un billet d'un mao (fraction

218

d'un yuan) pour me venger des autres vendeurs peu scrupuleux qui essaient toujours d'obtenir le maximum de l'étranger que je suis. Je rentre à l'hôtel prendre un bain chaud. Je vais dormir un peu.

* *
*

Je ne pensais jamais être aussi « dépaysé ». Chengde ressemble à Beijing, mais en beaucoup plus petit. De ma vie, je ne me suis jamais autant senti regardé, que dis-je, dévoré des yeux. Ce *strip-tease* incessant finit par lasser.

Dans la rue, les marchands, les étudiants, les badauds, tout le monde me dévisage comme si j'étais une bête curieuse. La ville est bruyante, nourrie d'éclats de klaxons, de voix tonitruantes de marchands et de rumeurs de chemin de fer. L'odeur du charbon, mêlée aux fumées d'usines, écœure à la longue.

Que retenir de ces deux jours à Chengde ? Des images *flash,* certaines prises en photos, d'autres mises en mémoire.

La plus typique de ces images entraperçues, volées au hasard des promenades dans la ville, est celle de cette dame, affublée d'un masque antipollution blanc collé au visage, assise en train de tricoter paisiblement au coin d'une rue achalandée. Ou encore cette locomotive noire, sortie d'un autre âge et crachant sa fumée blanche, traversant un pont qui surplombe une espèce d'écluse servant de décharge municipale. Là, des pêcheurs munis de longues perches de bambou au manchon bleu tentent de trouver du poisson dans cette eau stagnante, carrément répugnante. Et ce bandeau cacheoreilles, et ces masques antipollution que portent cyclistes et passants à travers toute la ville.

Que d'images hétéroclites qui créent une sorte d'inconfort, une envie pressante de reprendre le train pour Beijing ! Horrible impression aussi d'étouffement dans cette ville à l'air vicié que les escroqueurs de tout acabit ne font rien pour assainir...

Je m'ennuie de simples choses qu'à Beijing au moins, « chez moi », je peux avoir : le café du matin, les mets connus ; les visages familiers, ceux de ma femme et de mon fils, objets de réconfort dont je déplore l'absence en ce moment.

Après avoir marché dans la ville en tous sens, il me reste à visiter les nombreux temples qui se dressent dans le ciel de Chengde. Pourtant, ça ne me dit rien. Je vais attendre à demain avant de savoir comment occuper ma matinée. Mon train part à 14 h 00.

Ce soir, je me promets de ne pas chercher un repas dans un restaurant dicté par le hasard. Ce genre d'aventure m'a coûté trop cher depuis mon arrivée à Chengde. Non, à la place, je vais manger, tout simplement, au restaurant de l'hôtel. Avec un peu de chance, je devrais pouvoir m'offrir un bon repas, sans me faire escroquer, comme cela s'est produit plus tôt dans la ville quand un marchand de rue, qui osait se dire mon ami (*peng you*), m'a fait payer dix fois le prix normal pour une bouillie à base de poulet... Enfin, on verra bien.

* *
*

Le jour se lève sur Chengde. La ville est enveloppée d'un épais brouillard de pollution. Hier soir, pour digérer mon repas et la Chine, je suis allé me promener dans le quartier voisin de l'hôtel. Une musique diffusée par des amplis retentissants résonnait dans toute la rue qui longe la voie de chemin de fer. Spectacle amusant : des gens de toutes conditions faisaient une ronde rythmée au son d'une musique entraînante, peut-être même patriotique. Cette danse en ligne à laquelle participaient une centaine de citoyens de Chengde, jeunes et vieux, hommes et femmes, avait quelque chose de magique et de bon enfant.

C'était beau de voir ainsi les gens oublier la pollution, leurs maigres revenus et le temps qui glace. Ils dansaient, marchaient et fendaient l'air de leurs bras gracieux tenant un éventail, et s'agitaient à mesure que leurs pas avançaient ou reculaient. Joli ballet que ce bal populaire révélé dans toute sa splendeur en ce soir de pleine lune !

Ce matin, le charme se poursuit. Petit-déjeuner à l'hôtel vers 8 heures. On m'attendait : grand verre de café ultra robuste, lait chaud, omelette et pain à tartiner, avec confiture, sucre et beurre. Un festin en comparaison du repas de fin de soirée, hier à l'hôtel.

Seul à ma table, en bon Occidental qu'on a aimablement mis à l'écart des Chinois qui

« petit-déjeunent » au gruau, à la soupe et aux petits pains fourrés, j'écoute *La mer* de Charles Trenet, qui joue en sourdine dans des haut-parleurs en plongée dans ce décor irréel.

A-t-on deviné, hier soir, mon désarroi à la table et mon dégoût de la fondue mongole ? Ou a-t-on lu, plutôt, en mon absence, mon journal personnel laissé dans ma chambre d'hôtel ? En tout cas, pour 25 yuans, j'ai là un petit-déjeuner qui me redonne le sourire et un peu de sympathie pour la ville de Chengde. Tout de même, mon train part à 14 h 29.

* *
*

Départ à temps de Chengde. Le train est bondé. Des étrangers, montés à la faveur d'arrêts précédents, ont déjà pris place. À un bout, des touristes allemands ; au centre, un couple de Britanniques partage ma banquette. Tout le reste du wagon est occupé par des Chinois parvenus qui voyagent sur des banquettes molles. Les Chinois « ordinaires », moins chanceux, voyagent à la dure.

Sur le chemin du retour, je me dis que, malgré tout, j'ai eu raison de prendre le train pour Chengde. Après avoir fui Beijing, j'ai maintenant hâte d'y retourner.

兄 弟

FONDUE MONGOLE

Mon cher Jeannot,

C'est à toi que je pense, frérot, en ce moment. Je suis assis à une table, dans un restaurant de l'hôtel Hui Long, dans la ville de Chengde, où j'ai eu la mauvaise idée de venir passer la journée. Je ne te décrirai pas les rues de cette ville polluée où on respire le charbon à plein nez.

Non, je veux simplement te dire à quel point je t'envie, toi qui as la réputation de ne pas courir de risques inutiles. Car, vois-tu, à cette minute même, moi que tu aurais tort de croire avide de sensations fortes, j'ai surtout le goût de vomir tout ce que mon aventure à Chengde m'a jusqu'ici offert.

Après avoir parcouru la ville à pied, dans tous les sens, du matin au soir, et après avoir été arnaqué par des vendeurs sans scrupule qui croient tous les Occidentaux riches comme Crésus, j'ai décidé de rester à l'hôtel pour manger à même une « marmite mongole », un mets typique de l'endroit, mieux connu chez toi sous le nom de « fondue chinoise ».

Par où commencer ? D'abord, on m'a flanqué à une table, au centre de laquelle il y a un brûleur. Pas un mot d'explication, et surtout pas en anglais. Je me ronge les sens et le sang... Qu'est-ce que je dois faire ? Me lever et me diriger vers les plats chromés en acier inoxydable dans lesquels me fixent des poissons de toutes sortes et des bestioles dont j'ignorais encore jusqu'à tout récemment l'existence ? Ou tenter de saisir avec mes baguettes ces variétés multicolores de tofu qui m'obligent à me demander où je vais pouvoir enfin donner de la gueule ?

Quant aux légumes assortis, si seulement je pouvais en reconnaître un seul parmi la centaine que me propose le comptoir à salades. Les viandes ? Aucune idée non plus de ce qui se cache sous ces panures et sous ces morceaux de gibiers de toutes formes et couleurs.

Ah ! mon bon vieux poulet, où es-tu ? Et toi, mon ami le bœuf, pourquoi m'as-tu abandonné ? Il n'y a, à dire vrai, que la bière qui me soit familière et le thé, qu'on me sert à profusion, avec effusion mais avant infusion...

Je t'imagine, cher frère, en train de savourer le plus familier des *hot chicken* du restaurant Jardin du Bonheur, tandis que moi, j'arrache la cuirasse d'une crevette que je trempe dans le bouillon à fondue et qui me fait les gros yeux. Je tente aussi de plonger dans le même liquide une sorte de poisson transparent, qui flotte malgré tout à la surface du bouillon.

Une serveuse m'apporte un bol dans lequel le chef a préparé une sauce merdique pour accompagner les objets flottants non identifiés qui pataugent dans mon bouillon.

Qui a dit que j'aimais le changement ? Quel animal a osé dire, un jour, que j'aimais le nouveau, l'inhabituel, l'insolite ? Là, à 12 000 kilomètres de Québec et à cinq heures de train de Beijing, je m'aperçois que mon sens de l'adaptation est rendu à bout, comme un ressort de montre qui va péter.

J'aurais juste le goût d'une soupe Lipton au poulet et aux nouilles. Une « Cup-a-Soup » même ! Quelque chose de familier. J'en ai marre des crevettes aux gros yeux, du tofu couleur chocolat ou des épices exotiques !

La serveuse doit deviner mes pensées. À moins qu'elle ne craigne que je mette le feu à la nappe en renversant, par dépit, ma marmite de fondue... Elle m'apporte un café fort. Et quand j'écris « fort », le mot, justement, ne l'est pas. Je lui demande de la crème ou du lait, histoire de le diluer un peu. Évidemment, les problèmes de langue s'en mêlant, elle m'apporte un verre de lait, à part, sans sucre, ni cuiller.

C'est comme ça depuis mon arrivée en Chine. La plus petite requête n'est jamais comprise du premier coup, même en multipliant les mimiques et les simagrées pour me faire comprendre. À la longue, ça finit par tomber royalement sur les nerfs. Et là, j'ai les nerfs comme ma fondue : en ébullition.

Voilà pourquoi, je pense à toi, maudit chanceux. À ton bifteck haché, tes *hot dogs*, ton ragoût de boulettes, ta pizza et tes *hot chicken*. Moi, je dois me farcir des mets dont j'ignore jusqu'au nom, goûtant malgré moi à tous les fonds marins et les décharges publiques...

Je n'en peux plus de goûter à tant de choses bizarres. Je voudrais un seul goût d'un mets que je connaisse, au lieu de ces arrière-goûts saugrenus, indescriptibles et malodorants.

Je t'envie, mon frère, moi qui suis aujourd'hui à Chengde, ville où j'ai eu l'imbécillité de mettre les pieds pour fuir la morosité de la capitale chinoise.

Rentré chez moi, à Beijing, promis, juré, je me fais des frites avec des *beans* sauce tomate. Rien de compliqué, mais au moins quelque chose d'identifiable et de mangeable.

Fini les têtes de serpents, les langues de tortues, les yeux de poissons et les desserts incongrus. Si je te disais que le petit gâteau que j'ai avalé à la fin du repas était même recouvert de sucre rose... Je n'exagère pas. Du sucre rose ! Il fallait aller à Chengde pour trouver quelque chose d'aussi banal que du sucre sous une autre couleur que le blanc.

Ce soir, je vais essayer de dormir, en dépit du café ultra fort que j'ai bu d'un trait, tout à l'heure, pour ne pas vexer la serveuse. Je vais rêver sans doute pendant que le train de Chengde sifflera dans la nuit. Je n'aurai pas le choix de mes rêves. Si je l'avais, je choisirais de rêver à quelque chose d'habituel, de délicieux et de rassurant : un bon vieux *hot chicken* du Jardin du Bonheur.

Tant pis pour moi. Il suffisait de rester à

Québec, à deux pas de chez moi, pour réaliser ce fantasme culinaire. Maintenant, je risque le cauchemar dans une ville et une chambre inconnues où mon dégoût de la routine m'a conduit.

Oui, oui, je t'envie. Le prochain que tu rencontres, qui te parle de moi pour dire qu'il m'envie de vivre autant d'aventures, je t'en supplie, casse-lui la gueule ou fais-lui manger du serpent, avec ou sans fondue... Ça lui apprendra, tout comme au serpent d'ailleurs, à tourner sept fois la langue dans la bouche avant de l'ouvrir.

Oui, je t'envie mon frère et je t'aime. C'est bien pour dire comme je m'ennuie...

Ton grand frère,

Roger

Chapitre 6

Le retour

Du fleuve Jaune
à la rivière Rouge

黄 河 红 河

DU FLEUVE JAUNE À
LA RIVIÈRE ROUGE

Il est impossible de savoir de quoi demain sera fait. Je me souviens encore très clairement de cette discussion que nous avons eue, mon fils, mon épouse et moi, alors que nous tentions de prévoir où nous serions, la nuit du 31 décembre 1999, pour le passage à l'an 2000.

Comme nous ignorions, au printemps 1999, si notre séjour en Chine tirait à sa fin ou si nous allions devoir le prolonger une autre année, c'est donc en n'excluant aucun endroit de la planète, encore moins la Chine, que nous nous livrions à cet exercice amusant, mais combien futile, de vouloir deviner l'avenir.

Les paris étaient ouverts. Allions-nous demeurer en Chine, à l'échéance de notre contrat de travail, dans la ville de Zhengzhou, là où nous avions travaillé six mois pour le compte d'un hôtel quatre étoiles chinois ? Ou allions-nous plutôt nous diriger vers une autre destination chinoise, au hasard de notre réseau de contacts et des aléas du destin ?

Je me rappelle également qu'une rentrée éventuelle au Québec, même sans travail assuré ni point de chute établi, n'était pas exclue à l'aube du nouveau millénaire.

Et nous nous perdions en suppositions de toutes sortes, plus animés par le plaisir de jouer les devins que par la prétention de pouvoir anticiper les caprices du Destin.

C'est donc avec mon billet de retour sur la Chine en poche que je m'envolai seul, fin avril 1999, pour des vacances d'un mois et demi au Québec, transformant petit à petit ce voyage de ressourcement en véritable mission exploratoire en vue de trouver du travail, nos contrats d'embauche en Chine étant arrivés à échéance.

Avant mon départ pour le Canada, mon épouse, mi-sérieuse, mi-amusée, m'avait lancé :

— À ton âge, je te mets au défi de trouver un emploi permanent.

Piqué au vif dans mon orgueil, je pris ce défi très au sérieux. Et contre toute attente, au terme de six semaines de démarches exténuantes et jusque-là stériles, je touchai enfin le gros lot. Je réussis à me dénicher du travail comme journaliste à Radio-Canada, à Winnipeg.

Ainsi, nos trois cerveaux combinés n'avaient pas réussi, six mois à l'avance, à deviner l'endroit où nous nous trouverions réunis en cette veille du nouvel an marquant la fin du XXe siècle : à Saint-Boniface, dans l'ancienne colonie de la rivière Rouge et du Métis supplicié Louis Riel, plutôt qu'en Chine, au pays de Mao, sur les rives du fleuve Jaune, ou en quelque autre lieu inconnu sur cette terre d'immensité.

Depuis ce jour, je me livre avec prudence et humilité à tout jeu qui consiste à deviner l'issue d'un projet, d'une idée ou d'un parcours.

Car, pour Confucius comme pour Louis Riel, nul n'est prophète en son pays...

Et surtout pas un peureux !

Il ne se passe pas un jour sans que la Chine ne vienne habiter mon esprit. Parfois, c'est une lettre d'une amie chinoise qui écrit son ennui. En d'autres occasions, c'est l'actualité qui me ramène en Chine en pensées.

J'ai beaucoup de mal à sortir la Chine de ma vie. Je ne suis pas seul dans ma tourmente. Mon épouse et mon fils n'arrivent pas non plus à refermer le grand livre de la Chine, dont nous n'aurons lu pourtant qu'un chapitre.

Ces deux années passées dans l'Empire du milieu ont-elles diminué ma frayeur de vivre ?

Seul le temps le dira. Pour l'instant, j'essaie de vivre au jour le jour, multipliant les occasions de rencontres avec les nouveaux arrivants de toutes origines ethniques qui, à la façon des pionniers de l'Ouest d'une autre époque, choisissent de s'établir ici. Auprès d'eux, je me sens bien et mon quotidien m'apparaît lumineux.

Et mettant le point final à cet ouvrage, je ne peux m'empêcher de jeter un coup d'œil en diagonale à la carte de Chine épinglée au mur de ma chambre. Ce territoire si vaste et si peuplé peut indiscutablement se passer de moi. Je ne peux pas en dire autant.

Saint-Boniface, le 8 août 2000

Images de Chine

Un vieil adepte des arts martiaux exécute quelques mouvements à l'entrée de la Forêt des stoupa, monuments commémoratifs érigés sur des reliques du Bouddha.

Vieil habitant de la Mongolie intérieure faisant une pause dans le désert.

Ces enfants ne veulent rien manquer du passage remarqué d'environnementalistes de Hongkong et d'ailleurs venus planter des arbres dans le désert de la Mongolie intérieure.

Cycliste de Suzhou prenant ses aises à la porte d'un commerce de soieries.

Charles Bernier Clavet au milieu d'une armée de soldats en terre cuite, sur le site historique de Xi'an.

Mon épouse, France Bernier, en compagnie d'une jeune fille de la Mongolie intérieure en costume traditionnel.

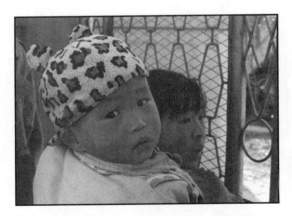

Scène croquée devant les portes closes d'une église catholique nichée en pleine campagne chinoise.

Zhang Yesheng garde un souvenir ému du célèbre docteur canadien Norman Bethune, qu'il a bien connu.

Un groupe d'élèves chinois, en visite dans la ville touristique de Luoyang, se massent autour de mon épouse et de moi pour les besoins d'une photo. Les contacts avec les étrangers sont encore rarissimes dans plusieurs villes de Chine.

Villageoise de Suzhou posant fièrement devant deux petits barils fort jolis, que les habitants de l'endroit utilisent pourtant comme pots de chambre...

Le seigneur de Suzhou, prince en haillons, au pays de la soie.

Vieux bonze à la porte d'un temple bouddhiste.

XIÈXIÈ (MERCI)

Il est périlleux de tenter de dresser l'inventaire de ceux et celles qui m'ont aidé et encouragé à écrire ce livre. Je vais quand même m'y employer, en demandant pardon à l'avance aux gens que j'aurais, par inadvertance et maladresse, omis de mentionner.

En premier, je dois remercier Magella Soucy, responsable des cahiers spéciaux du quotidien *Le Soleil*, de Québec. Son amitié précieuse et sa salutaire complicité m'ont permis de mener à bien ce projet d'écriture.

De même, je tiens à remercier Gilbert Lacasse, jusqu'à tout récemment président et éditeur du quotidien *Le Soleil*, qui m'a toujours honoré de sa confiance et de son amicale protection.

Mes remerciements s'adressent aussi au personnel du journal *Le Soleil*, en particulier à André Bernard qui a su, par ses mots d'encouragement, m'inciter à entreprendre la rédaction de ce livre.

Merci à Étienne Aubry et à Simone Parent, deux anges gardiens qui ont eu la gentillesse de me prêter le chalet près du lac Winnipeg où allait prendre forme la version finale de cet ouvrage.

Merci à Charles Leblanc, fin lettré qui a bien voulu, le premier, jeter un coup d'œil critique à mon humble prose.

Merci à Martine Bordeleau pour son coup de pouce infographique.

Merci à Paul Grégoire, l'ami franco-manitobain qui a réparé, sans frais et sans condition, le pauvre ordinateur sur lequel mes historiettes chinoises ont vu le jour.

Merci à Daniel et Mani Tougas pour leur inébranlable foi en ce projet d'écriture.

Merci à l'écrivain Jean-Yves Bernier et à son épouse Jacqueline pour leur chaleureuse hospitalité.

Merci aux indispensables amis et confidents épistolaires : Paul Bergeron, Geneviève Brouyaux, Daniel Roussel, Marthe Beauchamp, Lise Mareschal, Diane Chaperon-Lor, et à tous les autres qui ont nourri une correspondance ayant permis très souvent d'atténuer les méfaits du mal du pays.

Merci à Peter Hung pour les idéogrammes qui agrémentent cet ouvrage.

Merci à mon frère Jean. Son talent à nous raconter, par courrier électronique interposé, ses péripéties familiales a permis à notre propre petite famille de rire à gorge déployée quand la grisaille des villes chinoises parfois nous tenaillait.

Merci à ma mère, à mes 14 frères et sœurs, notamment à Christiane qui, par sa force de caractère et sa combativité, demeure un modèle de fierté et d'inspiration.

Merci à Alain Castonguay, pour ses judicieux conseils avant le départ pour la Chine.

Merci à Viviane Côté, veuve de Jacques Guay, pour ses encouragements.

Merci aux autres « experts étrangers » qui ont fait un bout de chemin avec nous sur les routes de Chine. Salutations spéciales à Farida, Yousria, Philippe, Louise, Jean-Yves, Lisa et aux autres.

Merci à mes anciens collègues de l'agence Chine nouvelle de m'avoir supporté un an et demi, endurant sans se plaindre mes remontrances, colères et taquineries.

Merci à Martine Raffin, Daniel Bertrand et Jacques Audet pour la pertinence de leurs suggestions et la qualité de leur travail.

Merci enfin à Alain Stanké, préfacier inespéré, qui a su m'ouvrir les portes de sa maison d'édition et de son inestimable complicité.

SOMMAIRE

Roger Clavet est né à Québec, le 8 février 1953, 14e d'une famille de 17 enfants dont 15 sont encore vivants. Petit de taille, il a un jour confié son dépit à ses parents : « Vous auriez dû faire moins d'enfants, mais les faire au complet... »

Journaliste de carrière, il a remporté un Prix national de journalisme d'enquête (*National Newspaper Award, Toronto Press Club*) pour une série de reportages sur la prostitution dans la capitale canadienne (il en tremble encore !). Il avoue d'ailleurs avoir choisi le métier de journaliste pour conjurer ses peurs. Il rentre par ailleurs d'un séjour de deux ans en République populaire de Chine où, en plus d'une occasion, dira-t-il, « j'ai eu la chienne de ma vie »...

Roger Clavet travaille comme journaliste à la radio de Radio-Canada, à Saint-Boniface, au Manitoba, patrie de l'écrivain Gabrielle Roy et de Louis Riel, Métis supplicié. S'il admire l'œuvre littéraire de l'une, il ne tient pas particulièrement à finir comme l'autre...

La Chine de ma vie est son premier ouvrage.